NEW サラダ デザイン

人気店のスタイル、レシピ、ドレッシング

本書をお読みになる前に　　　　　　　　　8

人気のサラダ料理

　　　　　店舗紹介　　　　　　　　　　　9

鶴林　よしだ　甘酢漬けトマトサラダ　　　　　　10
　　　　　　　渡り蟹と菊菜のサラダ　　　　　　11
　　　　　　　蒸し鮑と生雲丹のサラダ　　　　　12
　　　　　　　車海老と蓮根のサラダ　　　　　　13
　　　　　　　ガーリックチキンサラダ　　　　　14
　　　　　　　豚ロースとざる豆腐のサラダ　　　16
　　　　　　　焼き野菜サラダ　　　　　　　　　18
　　　　　　　烏賊塩辛とポテトサラダ　　　　　20
　　　　　　　鯵と香味野菜のサラダ　　　　　　21
　　　　　　　鮪とアボカドのサラダ　　　　　　22
　　　　　　　モッツァレラチーズと野菜のサラダ　24
　　　　　　　ヘルシー野菜サラダ　　　　　　　25
　　　　　　　帆立貝とグリーンアスパラのサラダ　26
　　　　　　　鱧と玉葱のサラダ　　　　　　　　28
　　　　　　　タコのマリネサラダ　　　　　　　30
　　　　　　　海藻とちりめんじゃこのサラダ　　31
　　　　　　　野菜の揚げ浸しサラダ　　　　　　32

NEW サラダ デザイン

タベルナ・アイ	白いんげん豆とエビのサラダ	34
	海の幸のサラダ	36
	鴨むね肉とリンゴのサラダ	38
	カリフラワーとじゃが芋のサラダ	40
	トリッパのオレンジ風味のサラダ	42
	根セロリとじゃが芋のサラダマヨネーズ風味	44
	モッツァレラチーズとオレンジのサラダ	46
	ウイキョウのサラダ	48
	ピリッと辛い墨イカ、ケッパー、オリーブのサラダ	50
	トリッパの温かいサラダ	52
	バーニャカウダ	54
レストラン　セビアン	サーモンとブロッコリーのサラダ	56
	イカとセロリとフルーツトマトのサラダ	58
	桜海老と生ハムのポテトサラダペンタス添え	60
	鮎ときゅうりと紫蘇のサラダ	62
	水タコとガスパチョとタコとオリーブのソース	64
	ローストカブのサラダ仕立て　　カブのカルボナーラソース	66
	サザエのサラダ　　肝であえたサザエとハーブのサラダ	68

	ホロホロ鶏のサラダ	70
	牛ほほ肉の大地のサラダ	72
	鴨のスモークと人参のサラダ人参ピュレソース	74
CHINESE 酒場　炎 技	青唐辛子とパクチーのサラダ	76
	アボカドとマグロのサラダ	78
	大海老と季節のフルーツサラダマヨネーズソース	80
	ブリの中華風刺身サラダ仕立て翡翠ソース	82
	ピータンと豆腐のサラダ山椒ソース	84
	タイラギ貝と大根のビーツサラダ	86
	大海老とアボカドの生春巻き	88
	ロメインレタスの温野菜サラダ	90
	アグー豚バラ肉と温野菜の蒸篭蒸し　　海鮮醤油ソース	92
	牛しゃぶ肉と夏野菜のサラダ冷麺豆乳胡麻ソース	94
LIFE KITASANDO	ズッキーニのジェノベーゼサラダ	96
	丸ごとトマトのカプレーゼ	98
	クレソン＆シトラスサラダ	100
	グリーンビーンズサラダ	102
	さくらんぼと香味野菜と大麦のチョップサラダ	104
	キノコとレタスのソテーサラダ	106
	根菜の香味サラダ	108
	和風シーザーサラダ	110
	ブロッコリーとカリフラワーの白和えサラダ	112

人気のサラダソース・ドレッシング　　114

創作サラダ料理

野菜サラダ・	和野菜のピクルス盛り	126
シーザーサラダ	イタリアンモロキュー	127
	フルーツトマトと生モッツァレラのサラダ	127
	自家製玉葱ドレッシングで	
	有機にんじんのサラダ	128
	蓮根のわさび金平	129
	ゴボウの焼きスティック	129
	"raku" -dutch-oven-	
	〜野菜を蒸し焼きにした、あったかサラダ〜	130
	キャベーコン バーニャソース	
	キノコのガーリックオイル	
	ベイクドハーブトマト	
	揚げもちのサラダ〜きなこドレッシング〜	131
	リアルとんがりコーン	131
	パクチーとセルバチコのサラダ	132
	オーガニック野菜の盛り合わせ	132
	京つけものハリハリサラダ	133
	蒸し野菜のちょっとサラダ	133
	メリメロサラダ今彩風 今日の具材で	134
	モロッコ風胡瓜と大根	134
	30品目位のSALAD	135
	揚げたてごぼうと豆富のパリパリサラダ	135
	チーズ屋のシーザーサラダ	136
	自然薯のシーザーサラダ	136
	弘前野菜と釜揚げしらすのシーザーサラダ	137
	権太郎サラダ　シーザードレッシング	137
シーフードサラダ	鰻と白菜のサラダ、ガーリック風味	138
	棒棒野菜アンチョビディップ	139

	エビマヨとアボカドのサラダレッドキャビア添え	139
	ツナとオニオンのコラーゲンサラダ	140
	あじとのキムラ君	140
	カニとアボカドのタルタルサラダ	141
	ブロッコリーと桜海老のペペロンチーノ	
	パクチーのせ	142
	鯛のソテーのニース風サラダ仕立て	142
	あおりいかと季節野菜のサラダ仕立て	
	キウイフルーツドレッシング	143
	鮮魚のカルパッチョと	
	梅干シャーベットの冷たいサラダ	144
	活タコと、パクチーの香草爆弾！タイ風サラダ	144
	有機野菜とたてがみ自家製馬肉味噌添え	145
	ふたえごとグレープフルーツのカル馬ッチョ	146
	kamon 自家製くん製サラダ	147
	鶏レバーとベーコン、キノコの温製サラダ	147
	淡雪つもる豚のハリハリサラダ	148
	桜島どり蒸し鶏のパリパリチョレギサラダ	149
	自然薯の生ハムロール	149
トマトサラダ	DEN'S 特製完熟桃尻トマト	150
	冷やしトマト南仏風	150
	トマトとアボカドのサラダ黒オリーブソース	151
	ガーネットトマトのコンポート	152
	フルーツトマトの味噌漬け	152
	黒にんにくとトマトのマリネ桃ビネガーで	153
	桃トマトとミントのマリネ	154
	桃太郎トマトのおひたし～クリームチーズのせ～	154
	トマトサラダ	155
	冷やし「桃」トマト	155

ポテトサラダ	ポテトサラダいくら乗せ	156
	肉味噌ポテトサラダ	157
	燻製卵ポテトサラダ	157
	炙りたらこのポテサラ	158
	R-18指定 秋の大人のポテトサラダ	159
	パルミジャーノチーズといぶりがっこのポテトサラダ	159
バーニャカウダ・カプレーゼ	つきだし	160
	旬の野菜のバーニャカウダー	161
	せいろ仕立てのバーニャカウダ	162
	下町バーニャカウダ	163
	有機野菜のはいったバーニャカウダ風八丁味噌添え	164
	山形のバーニャカウダあまぴちょクリーム	164
	彩り野菜のバーニャカウダ〜味噌クリーム仕立て〜	165
	彩り野菜の自然薯ヨーグルト和風カプレーゼ	166
	だしと青豆豆腐のカプレーゼ	167
	都筑産蕪とトマトのカプレーゼ	167
その他サラダ	つけ麺サラダ	168
	野菜たっぷりの冷麺サラダ〜盛岡から愛を込めて〜	169
	森のきのこ納豆サラダ	169
	モッツァレラとカラスミ、味玉のマリネサラダ海苔のエスプーマ	170
	白菜と塩昆布のサラダ	170
	わかめと心太のサラダ	171
	豆腐とあおさ海苔のさっぱりサラダ納豆梅ドレ	171
	〆さば生春巻き	172
	ねぎトロ生湯葉の春巻き	172
	創作サラダ料理　作り方の解説	173
	「創作サラダ料理」の掲載店住所一覧	190

本書をお読みになる前に

［材料の分量表記について］
- 大さじ1は15㎖、小さじ1は5㎖、1カップは200㎖です。
- 材料の分量表記中「適量」「少々」とある場合は、材料の状況や好みに応じて、ほどよい分量をお使いください。

［材料と用語について］
- EXV.オリーブオイルは、エキストラヴァージン・オリーブオイルのこと。
- 醤油とある場合は濃口醤油のこと。
- 酒とある場合は清酒のこと。
- だしは基本的に昆布とカツオ節からとった一番だしを使います。
- 料理名は、各店の表記方法に従って表記しています。

人気の
サラダ
料理

割烹 鶴林 よしだ（吉田靖彦／舛田篤史）
旬の素材にこだわり、日本料理の技法を用いて現代人に喜ばれる素晴らしい料理の世界を展開。海外でも評判を呼ぶ。
　大阪市中央区東心斎橋2-5-21 大阪屋会館1階
　TEL 06-6212-9007　http://kakurin.net/

イタリア料理 タベルナ・アイ（今井 寿）
イタリア家庭のマンマの味を研究する、今井 寿オーナー・シェフの店。旬の食材で作る各地の郷土料理が人気。
　東京都文京区関口3-18-4
　TEL 03-6912-0780　http://www.taverna-i.com

レストラン セビアン（清水崇充）
親子二代にわたるガストロノミーフレンチと伝統的な洋食のどちらも楽しめる店としてファンが多い。
　東京都豊島区南長崎5-16-8 平和ビル 1F
　TEL 03-3950-3792　http://restaurant-cestbien.com

CHINESE 酒場 炎 技（梅本大輔）
本格派の四川料理、上海料理をミックスし、バル風にアレンジした、ワインと楽しめる料理が特徴の店。
　大阪府大阪市福島区福島7-7-21 FKビル 1F
　TEL 06-6454-5151　http://r.gnavi.co.jp/kbz0200/

LIFE KITASANDO（田中美奈子）
旬の野菜を使った料理を得意とする。店舗は持たないスタイルでフードコーディネートや商品開発、イベントのケータリングなど幅広い分野で意欲的に活動している。
　http://www.life-kitasando.com/

割烹
鶴林 よしだ

甘酢漬けトマトサラダ

1時間程度甘酢に漬けたミニトマトにジュレをかけて、お洒落な和風サラダに。ジュレを白和え、白酢和えに代えれば、コースの前菜や酢の物の一品としても使うことができます。

材料（2人分）
ミニトマト（赤）…2個
ミニトマト（黄）…3個
黒粒胡椒…少々
ミントの葉…5g
甘酢ジュレ※…60g

甘酢ジュレ
材料／作り方は P.114 参照

1. ミニトマトは、へたを除いて熱湯に入れ、すぐに冷水にとって皮をむく。
2. 甘酢ジュレを作る。1のミニトマトに甘酢をひたひたに注いでミントの葉をちぎり入れ、1～2時間漬ける。
3. 2の甘酢を漉して同量の水を加えて鍋に入れ、80℃まで加熱したら、戻したゼラチンを加えて溶かし、冷水にあてて粗熱をとってから冷蔵庫で冷やし固める。
4. 小鉢に3の甘酢トマトを盛り、甘酢ジュレをかけ、黒粒胡椒をかけ、ミントの葉（分量外）をあしらう。

MEMO
ここでは、基本の甘酢ジュレ（P.114）にミントの葉の爽やかな香りを移したものを使用している。

渡り蟹と菊菜のサラダ

菊と菊菜とワタリガニという秋の出会いものサラダ。ジュレを濾して口当たりよくし、材料とも絡みやすくするのがおいしく仕上げるポイント。最後に生姜汁を絞って提供します。

材料（2人分）
ワタリガニ（メス）…1パイ
菊菜（春菊）…1/4束
菊花…30g
吸い地※…適量
しめじ…30g
甘酢（P.00）…適量
土佐酢ジュレ※…適量

土佐酢ジュレ
材料／作り方はP.114参照

1. ワタリガニは、水洗いして蒸気の上がった蒸し器に入れて強火で約15分蒸して冷まし、身をとってほぐしておく。
2. 春菊は塩茹でして冷水にとって水分を絞り、吸い地に漬ける。
3. 菊花は、花びらをむしり、酢少々を加えた熱湯でサッと茹でて水にさらし、水気をきってから甘酢に漬ける。
4. しめじは石づきをとって熱湯でサッと茹でて水にとり、水気をきって吸い地に漬ける。
5. 器に1〜4を盛り、土佐酢ジュレをかける。

MEMO
吸い地は、一番だしを塩、酒、薄口醤油などで、吸う（飲む）のに適した調味をしたもの。

ジュレをひと手間かけて裏ごしすると、口当たりがよくなり、素材へのからみもよくなる。

蒸し鮑と生雲丹のサラダ

アワビとウニを贅沢に合わせた、夏場のサラダ料理。海鮮ものによく合うワカメを敷いて、素材が見えるようにシンプルに盛り付けます。醤油ドレッシングをかけて仕上げを。

醤油ドレッシング
材料/作り方は P.115 参照

材料（2人分）
アワビ…1個（300g）
A ┌ 水…600㎖
　├ 酒…600㎖
　├ 大根（輪切り）…2個
　└ 昆布（15cm角）…1枚
生ウニ…100g
醤油ドレッシング…20㎖
ワカメ（戻したもの）、
　アイスプラント…各適量
マイクロトマト、穂じそ…各適量

1. 蒸しアワビを作る。アワビは殻をはずして塩みがきする。肝（キモ）は丁寧にはずしてサッと茹でておく。
2. ボウルにAの材料と1のアワビを入れて蒸気の上がった蒸し器で3～4時間、中火で蒸したらアワビを取り出し、そのまま冷ます。
3. 2のアワビを薄切りにして、隠し包丁を入れる。
4. アワビの殻に戻したワカメ、アイスプラントを敷き、3のアワビと1の肝を盛る。マイクロトマトと穂じそをあしらう。

人気店のサラダ料理 ● 鶴林 よしだ

車海老と蓮根のサラダ

エビと相性のいいレンコンを組み合わせた。明太子ドレッシングで和えて、素揚げしたエビの頭を散らす。高級感を演出するとともに、サクサクとした食感を楽しんでいただきます。

材料（2人分）
車エビ…6本（30g）
蓮根…80g
白煮用だし※…適量
オクラ…3本
吸い地（P.11）…200mℓ
明太マヨネーズ※…30g

明太マヨネーズ
材料／作り方はP.114参照

1 車エビは竹串などで背ワタを抜きとり、のし串を打って塩茹でする。色が変わったらすぐに冷水にとって殻をむく。

2 1の車エビの身を3等分に切る。頭は縦半分に切って素揚げしておく。

3 蓮根は皮をむいて1cm厚さのいちょう切りにして水にさらして、水気をきる。酢少々を加えた熱湯でサッと茹でて水にとる。

4 鍋に白煮用だしを火にかけ、煮立ってきたら3の蓮根を入れて5〜6分煮る。

5 オクラはガクをとって塩でみがき、熱湯でサッと茹でて冷水にとって冷まし、水気をきって吸い地に漬ける。これを斜め半分に切る。

6 ボウルに2の車エビの身、4の蓮根、5のオクラを合わせ、明太マヨネーズを加えて和える。器に盛り、1のエビの頭を天盛りにする。

「白煮用だし」は、だし200mℓ、酒200mℓ、みりん400mℓ、塩小さじ2/3を合わせたもの（合わせやすい分量）。

ガーリックチキンサラダ

鶏肉の良し悪しがおいしさの決め手。フライパンで鶏肉を焼く際に、落とし蓋をせずに皮をガーリックオイルでカリッと焼くのが調理のポイント。後を引く味が人気を呼びます。

材料（2人分）
鶏もも肉…1枚
にんにく（薄切り）…2片分
サラダ油…大さじ1
塩、胡椒…各少々
玉ねぎ…1/2個
大葉…20枚
みょうが…2本
オニオンドレッシング※…適量

オニオンドレッシング
材料／作り方はP.115参照

1. フライパンにサラダ油、にんにくを入れて火にかけ、きつね色になったら、にんにくを取り出す。
2. 鶏もも肉は菜箸で刺して穴を開けてから塩、胡椒をふり、1のフライパンに皮目から入れて弱火で焼き、きつね色になったら裏返し、さらに中火で5〜6分焼いて火を止め、そのまま余熱で火を通す。
3. 玉ねぎは薄切りにする。大葉はせん切りにする。みょうがは縦半分に切って小口切りにし、水にさらして水気をきる。
4. 3の野菜を2列に器に盛り、大葉を立てかけ、2の鶏肉をそぎ切りにして並べる。1のにんにくチップを散らし、オニオンドレッシングを添える。

鶏肉は焼く前に菜箸で数カ所穴をあけておくと身が縮みにくくなる。

焼くときは皮目から入れ、落としぶたはぜずにカリッと焼き上げる。

豚ロースとざる豆腐のサラダ

豚肉と豆腐とゴーヤーを組み合わせた沖縄料理風サラダ。豚肉は固くならないよう80℃の昆布だしにくぐらせます。豆腐はしっかり味わえる、ざる豆腐か木綿豆腐がおすすめです。

材料（2人分）
豚ロース肉（スライス）…60g
昆布だし…適量
酒…少々
ざる豆腐…1丁
ゴーヤー（苦瓜）…1/4本
白炒りごま…小さじ1/2
花ガツオ…少々
ごまドレッシング※…適量

ごまドレッシング
材料／作り方はP.115参照

1. 昆布だしに酒少々を加えて80℃程度に温め、豚ロース肉をサッとくぐらせて水にとり、水気をふきとって食べやすい大きさに切っておく。
2. ゴーヤーは縦半分に切って種を取って薄切りにして、サッと塩茹でして冷水にとり、水気をきる。
3. ざる豆腐をすくって器に盛り、1の豚肉、ゴーヤーの順にのせる、ごまドレッシングをかけて炒りごまをふり、花ガツオを天盛りにする。

MEMO
豚肉は80℃程度（殺菌可能な温度）で湯通しして常温の水にとることで、しっとりと仕上げる。

焼き野菜サラダ

生野菜とは違った食感と味わいが評判に。野菜にバージンオリーブオイルを塗って、強火で短時間で火を入れ、最後に醤油を塗ります。秋なら、きのこの焼きサラダも面白い。

材料（2人分）
アボカド…1/2個
蓮根（輪切り）…2枚
グリーンアスパラガス…2本
かぼちゃ（1cm厚さのいちょう切り）…2切れ
なす…1/2本
ズッキーニ（1cm厚さの斜め薄切り）…2枚
パルメザンチーズ…少々
一味唐辛子…少々
EXV. オリーブオイル…適量
一杯醤油…適量

1 野菜の下ごしらえをする。アボカド1/2個は皮と種をとり、縦半分に切る。蓮根は1cm厚さの輪切りにして酢水に漬けてからさっと下茹でしておく。グリーンアスパラガスは根元の固い部分の皮をむく。かぼちゃは1cm厚さのくし形切りにし、サッと下茹でしておく。なす1/2本は縦半分に切る。ズッキーニは1cm厚さの斜め切りにする。
2 1の野菜にそれぞれオリーブオイルを塗り、強火の天火（グリル）でこんがりするまで焼く。
3 焼きあがりに一杯醤油を2〜3回塗って焼いて仕上げる。
4 器に3の野菜を盛り、好みでパルメザンチーズをふり、一味唐辛子をかける。

MEMO

* パルメザンチーズ（乳製品）のうまみと、醤油（発酵調味料）のうまみの相乗効果で、より味わいが深まる。
* 一杯醤油は、濃口醤油を同量の酒で割ったもので、焼き物の仕上げに用いて色と風味をつける。

オリーブオイルをぬって強火でグリルして、野菜のうまみを閉じ込める。グリルがない場合は250℃に予熱したオーブンで10〜12分焼いてもよい。

人気店のサラダ料理 ● 鶴林 よしだ

烏賊塩辛とポテトサラダ

蒸したてのじゃが芋とイカの塩辛と温泉玉子を混ぜ合わせて食べる和風ポテトサラダ。温泉玉子を加えることで塩味がやわらぎ、バターを入れれば、旨みはさらにアップします。

材料（4人分）
スルメイカ…1パイ
じゃが芋（男爵）…2個
温泉玉子…4個

1 スルメイカは、胴に指を入れて軟骨をはずし、足を静かに引き抜く。エンペラはつけ根の部分で切る。胴は真ん中で切り開いて薄皮をとり、墨袋は取り除く。ワタを切り離し、口と目を取り除く。身はラップに包んで冷蔵庫に入れておく。
2 ワタに塩をたっぷりまぶして一昼夜冷蔵庫に入れ、翌日塩を洗い流して水気をふいてから裏ごしする。
3 1のスルメイカの胴は縦半分に切ってから細切りにする。エンペラも細切りにする。
4 2と3を合わせてイカの塩辛を作る。
5 じゃが芋は皮付きのまま洗って、蒸し器に入れて柔らかくなるまで蒸す。皮をむいてマッシャーでつぶす。
6 器に5のじゃが芋、温泉玉子の卵黄、イカの塩辛の順に盛る。

MEMO
温泉玉子は、卵を67℃の熱湯に
約20分入れ、冷水にとったもの。

人気店のサラダ料理 ● 鶴林 よしだ

鯵と香味野菜のサラダ

アジの南蛮漬けのおいしさをサラダに生かしたアイデア料理。アジは塩をふって揚げます。香味野菜を敷いてアジをのせ、ポン酢ドレッシングをかけてさっぱりした味わいに。

ポン酢ドレッシング
材料／作り方は P.115 参照

材料（1人分）
アジ…1尾
塩、小麦粉…各適量
大葉…10枚
みょうが…2本
生姜…30g
芽じそ…2本
穂じそ…4本
ポン酢ドレッシング※…10㎖

1 アジは水洗いをして三枚におろして、腹骨、中骨を取り除き、薄くそぎ切りにする。アジに塩をふり、小麦粉をまぶしてからりと揚げる。
2 大葉、みょうがは、それぞれせん切りにする。生姜はごく細いせん切り（針打ち）にする。香味野菜を合わせて水にさらし、水気をきっておく。
3 器に2の香味野菜を盛り、1のアジをのせてポン酢ドレッシングをかける。穂じそ、芽じそをあしらう。

鮪とアボカドのサラダ

マグロとアボカドを混ぜ合わせて作った刺身風サラダ。ぶつ切りにしたマグロに醤油を加えて揉み、塩昆布を加えてアボカドと和えます。アボカドの皮に盛り、サラダ感覚の料理に。

材料（2人分）
マグロ（赤身）…160g
漬け地
　┌ 濃口醤油…50㎖
　└ 酒…50㎖
　※鍋に入れてひと煮立ちさせておく。
アボカド…1個
EXV. オリーブオイル…少々
おろしわさび…少々
塩吹き昆布（細切り）…少々
リーフレタス…1枚
イクラ…少々

1 マグロは角切りにして漬け地にサッとくぐらせ、汁気をきっておく。
2 アボカドは縦半分に切って種をとり、果肉をスプーンなどですくってボウルに入れる（皮は盛り付けに使うのでとっておく）。
3 2のアボカドの果肉を泡立て器でつぶしてオリーブオイル、おろしわさびを加えて混ぜ、最後に塩吹き昆布と1のマグロを加えてざっくりと和える。
4 2のアボカドの皮にリーフレタスを敷いて3を盛り、イクラを天盛りにする。
5 器にクラッシュアイスを敷いて4をのせる。

下味をつけたマグロをアボカドで和え、塩昆布で塩分と旨みをプラスする。

モッツァレラチーズと野菜のサラダ

ボリューム感をもたせ、食事として食べておいしいサラダとして開発。上にのせたポーチドエッグを崩し、混ぜ合わせて食べます。オーロラドレッシングがおいしさを左右します。

オーロラドレッシング
材料 / 作り方は P.115 参照

材料（3人分）
モッツァレラチーズ…1/2個
ベビーリーフ…適量
パプリカ（赤・黄）…各1/2個
リーフレタス…3枚
からし菜…3枚
セロリ…1本
トマト…小1個
カリフラワー…1/4個
紫玉ねぎ…1/2個
紅芯大根…1/3個
松の実…30g
ポーチドエッグ…3個
オーロラドレッシング※…60〜90ml

1 モッツァレラチーズは5mm厚さに切る。
2 野菜の下準備をする。パプリカは縦半分に切って種を取り、細切りにする。セロリは根元のすじをとって、斜め薄切りにする。トマトは輪切りにする。カリフラワーは小房に分けて固めに塩茹でしておく。紫玉ねぎは薄切りにして水にさらす、紅芯大根は皮をむいて、いちょう切りにする。リーフレタス、からし菜は、それぞれ食べやすい大きさにちぎって水にさらしておく。ベビーリーフも水にさらしておく。
3 2の野菜の水気をよくきって大きめのボウルに入れ、手でやさしく混ぜて器に盛り、モッツァレラチーズをのせて、ポーチドエッグを真ん中に落とす。オーロラドレッシングをかけ、松の実を散らす。

人気店のサラダ料理 ● 鶴林 よしだ

ヘルシー野菜サラダ

動脈硬化、高血圧、心臓疾患の予防、コレステロールや中性脂肪の低下などの効果が高い食品として話題のアマニ油をドレッシングに使い、野菜たっぷりのヘルシー感満載のサラダ。

材料（2人分）
ルッコラ…1束
クレソン…1束
ミニトマト（赤・黄色）…各2個
スナップえんどう…6本
マッシュルーム…4個
アマニ油ドレッシング※…適量

アマニ油ドレッシング
材料 / 作り方はP.116参照

1. ルッコラとクレソンは、それぞれ食べやすい長さに切り揃えて水に漬けてパリッとさせておく。
2. ミニトマトは半分に切る。スナップえんどうはすじを取って、固めに塩茹でして冷水にとり、水気をきって、すじに沿って切り開く。マッシュルームは1個を4～5枚にスライスする。
3. ボウルにアマニ油ドレッシング適量を入れ、1、2の野菜を合わせ入れて全体に和え、器に盛る。

MEMO
アマニ油は加熱に弱いので、効果を生かすためには生で使用することがポイント。

帆立貝と
グリーンアスパラのサラダ

バター炒めしたホタテ貝とグリーンアスパラ、そしてウニとじゅんさい。さらにドレッシングとして黄身酢と八方酢ジュレの2種類を使い、複合的な味づくりを行なっています。

材料（2人分）
ホタテ貝…4枚
グリーンアスパラガス…4本
じゅん菜…120g
生ウニ…80g
バター…少々
黄味酢※…60㎖
八方酢ジュレ※…80㎖

八方酢ジュレ
材料／作り方はP.116参照

1 ホタテ貝は殻から貝柱とヒモをはずして立塩で洗う。
2 グリーンアスパラガスは長さ半分に切って塩茹でし、冷水にとって水気をきる。
3 フライパンにバターを入れて熱し、1のホタテと2のアスパラを軽くソテーする。
4 3のホタテは半分に切り、ヒモも食べやすく切る。グリーンアスパラガスは斜め切りにする。
5 器に黄味酢を敷いて4を盛り、生ウニをのせ、じゅん菜、八方酢ジュレをまわしかける。仕上げに黄味酢を少しかける。

黄味酢

材料（作りやすい分量）
土佐酢※…100㎖
卵黄…4個分

作り方
ボウルに卵黄を入れて土佐酢でなめらかに溶き、混ぜながら湯せんにかける。とろりとしたら取り出して冷ます。

MEMO
土佐酢は鍋に米酢・だし各60㎖、薄口醤油・みりん各20㎖を入れて火にかけ、沸いてきたら追いガツオを入れてすぐに火を止め、そのまま冷ましてこしたもの（作りやすい分量）。

人気店のサラダ料理 ● 鶴林 よしだ

鱧と玉葱のサラダ

夏から秋においしいハモをサラダに仕立てた一品。ハモは食感のよさを考えて焼き霜にし、相性のよい玉ねぎを合わせます。彩りのよい梅肉をドレッシングにして、視覚的アピールも。

材料（2人分）
ハモ（活け）…1/4尾
新玉ねぎ…1/3個
紫玉ねぎ…1/4個
芽ねぎ…1/2箱
大葉…4枚
花付ききゅうり…4本
梅肉…少々
梅ドレッシング※…適量

梅ドレッシング
材料／作り方はP.116参照

1 ハモは水洗いをしておろし、中骨、腹骨、背ビレをとり、身は皮一枚を残して包丁を細かく入れ、骨切りをする。
2 1のハモの皮目を上にして置き、バーナーで香ばしくあぶり、氷水にとって水気をふき、2cm幅に切り分ける。
3 新玉ねぎ、紫玉ねぎは、それぞれ薄切りにして水にさらして水気をしっかりきる。
4 器に3の野菜を敷いて大葉をのせ、2のハモを盛り付ける。梅ドレッシングをまわしかけ、梅肉を天盛りにして花付ききゅうりを添える。

タコのマリネサラダ

材料をドレッシングで和えるだけでできるお洒落なマリネ風サラダ。タコは旨みと特有の食感がサラダの食材として人気。トマトやアボカドを使うと彩りも美しく、食欲をそそります。

材料（1人分）
茹でダコ…60g
モッツァレラチーズ…40g
フルーツトマト…1個
アボカド…1/2個
セルフィーユ…少々
黒粒胡椒…少々
マスタードドレッシング※…適量

1 茹でダコは1.5cm幅に切る。
2 フルーツトマトは皮をむいて1.5cm角に切る。アボカドは皮をむいて1.5cm角に切る。
3 モッツァレラチーズは食べやすい厚みに切る。
4 ボウルに1〜3を入れて、マスタードドレッシングをかけて全体に和えて器に盛る。セルフィーユを添え、黒粒胡椒をふる。

ベーシックなマスタードドレッシングは、幅広いサラダ料理に合うので、作りおきしておくと便利。

マスタードドレッシング
材料／作り方は P.117参照

海藻とちりめんじゃこのサラダ

ちりめんじゃこ入りの土佐酢ジュレで海藻を和えたサラダは酢の物代わりにもなる爽やかな味わい。ちりめんは旬の春から初夏にかけての時季がおいしく、おすすめです。

材料（2人分）
海藻ミックス（戻したもの）…50g
ワカメ（戻したもの）…20g
ちりめんじゃこ…40g
土佐酢ジュレ※…100㎖

土佐酢ジュレ
材料／作り方はP.114参照

1 海藻ミックスは水洗いをして、水に漬けて戻す。ワカメも戻して食べやすい大きさに切る。
2 ボウルに1を合わせて入れてまんべんなく和えてから器に盛る。
3 土佐酢ジュレと、ちりめんじゃこを混ぜ合わせて2にまわしかける。

あらかじめ土佐酢ジュレにちりめんを混ぜておくことで、全体にまんべんなくなじませることができる。

人気店のサラダ料理 ● 鶴林 よしだ

野菜の揚げ浸しサラダ

彩り豊かな夏野菜を素揚げして、漬け浸しのだしに漬けるだけ。
野菜を素揚げすることで色が鮮やかになり、コクも増します。
野菜だけでもメインディッシュにもなる食べごたえのある一品です。

材料（4人分）
かぼちゃ…1/8個
オクラ…8本
万願寺唐辛子…4本
パプリカ（赤）…1個
なす…1本
蓮根…1/2節
長芋…1/5本
青柚子…少々
揚げ油…適量
揚げ浸し※…100㎖

揚げ浸しだし
材料／作り方は P.116参照

1. かぼちゃは1cm厚さのくし形に切る。オクラと万願寺唐辛子は、それぞれ2カ所刺しておく。赤パプリカは、短冊切りにする。なすは縦8等分に切る。蓮根は皮をむいて1cm厚さに切って水にさらし、水気をふいておく。長芋は皮をむいて1cm厚さの半月切りにする。
2. 1の野菜をそれぞれ170℃の油で別に素揚げをrする。これを熱湯で油抜きをしてざるにあげ、水気をきる。
3. 鍋に揚げ浸しのだしを火にかけ、煮立ってきたら火からおろし、熱いうちに2の野菜を最低1時間程度漬け込む。
4. 器に3を盛り付けて煮汁を張り、青柚子の皮をすりおろしてふる。

漬け浸しのだしが熱いうちに野菜を漬け込むと、味がしみ込みやすくなる。だしの量は野菜がひたひたに浸かる程度を目安に。

イタリア料理
タベルナ・アイ

白いんげん豆とエビのサラダ

イタリアでも豆を使う料理は、豆好きといわれるトスカーナが有名。白いんげん豆以外では、ひよこ豆が合います。エビは殻付きを茹で、熱いうちに殻をむいて豆と合わせます。

材料（作りやすい分量）
白いんげん豆…100g
無頭エビ…10尾
にんにく（みじん切り）…1片分
レモン汁…1/2個分
ローズマリー…1/2枝
パセリ（みじん切り）…少々
赤玉ねぎ（厚めのスライス）…40g
E.X.V. オリーブオイル…適量
塩…適量
胡椒…適量
カステルフランコ…適量
セルフィーユ…適量

MEMO
この料理では、レンズ豆や金時豆などの甘みの出る豆は合わない。エビは殻付きのまま、3%の塩を入れた湯でボイルすると美味しく仕上がる。

1 白いんげん豆は、前日にたっぷりの熱湯に漬けて戻しておく。
2 翌日、1の豆を取り出して水けをよくきり、鍋に入れる。オリーブオイルとローズマリーを入れて炒める。
3 エビは背ワタを取り、殻つきのまま塩分濃度3%の湯で茹で、熱いうちに殻をむく。
4 2の鍋に3のエビ、にんにく、レモン汁、パセリ、赤玉ねぎを入れ、オリーブオイルを足してさらに炒めたら、塩・胡椒で味を調え、火からおろしてそのまま冷ます。
5 粗熱が取れたら冷蔵庫に入れ、2時間ほど寝かせてから、カステルフランコを敷いた器に盛り、セルフィーユを飾る。

海の幸のサラダ

海の幸のサラダは、海洋国・イタリアの各地で食べられている料理。セロリを香草代わりに使うことが多いのが、イタリアの魚介サラダの特徴です。いろいろなピクルスを入れてもいいでしょう。

材料（作りやすい分量）
甲イカ…1/2杯
ムール貝…10個
エビ（背ワタを取ったもの）…4尾
タコ足…1本
塩…適量
赤ワインビネガー…30㎖
E.X.V. オリーブオイル…90㎖
イタリアンパセリ…少々
セロリ（厚めのスライス）…1/2本分
人参（茹でて小角切りにしたもの）…30g
オレンジ（スライス）…適量

MEMO
赤ワインビネガーを使い、強めの味にするのがポイント。冷蔵庫に入れて1時間ほど味を馴染ませてから、器に盛り付ける。

1. 甲イカは甲羅を取り、内臓と墨袋を外し、目とクチバシを切り取り、皮をむく。
2. 熱湯に3%の塩を入れ、ムール貝、エビ、タコ足と1のイカを入れて茹で、取り出して冷ます。
3. 2のエビは熱いうちに殻をむく。イカは短冊に、タコはブツ切りにする。
4. 3の魚介と2のムール貝は、ボウルに入れて赤ワインビネガー、オリーブオイルとイタリアンパセリを加えて軽く混ぜ、冷蔵庫で約1時間置く。
5. オレンジを飾った皿に4を盛り、セロリ、人参をのせる。

鴨むね肉とリンゴのサラダ

鴨のコクをリンゴとレモンで爽やかに味わう、おつまみサラダです。ソースにレはモンのジャムとリモンチェッロを使い、コクを出します。鴨に代えて鶏もも肉か豚肉を使っても合います。

材料（作りやすい分量）
鴨むね肉…1枚
リンゴ（紅玉。拍子木切り）…1/2個分
ひまわりオイル…適量
塩…適量
胡椒…適量
レモンソース…70㎖
松の実…適量
クルミ（ローストしたもの）…適量
タルティーボ…適量
人参の葉…適量

レモンソース
材料 / 作り方は P.117参照

1. 鴨むね肉は塩・胡椒をし、ひまわりオイルを熱したフライパンで皮目から入れ、両面に焼き色をつける。
2. 焼き色がついたらフライパンごと160℃のオーブンに入れ、肉の中心部がロゼ色になるまで焼き、冷ましておく。
3. 2の肉はスライスし、リンゴと合わせて皿に盛る。レモンソースをかけ、松の実とクルミをちらす。タルティーボと人参の葉を飾る。

MEMO
リンゴは、甘みがあって果肉のしっかりとした紅玉を使う。ソースのコクに合わせて、仕上げにナッツ類をふりかけ、味のアクセントにする。

カリフラワーと
じゃが芋のサラダ

アンチョビの塩け、にんにくを香り、オリーブのコクで、カリフラワーとじゃが芋を楽しむサラダです。カリフラワーは、ブロッコリーに代えると色味に変化が出せます。

材料(作りやすい分量)
カリフラワー…1株
じゃが芋…2個
赤玉ねぎ…1個
グリーンオリーブ(つぶしたもの)…40g
黒オリーブ(つぶしたもの)…40g
ケッパー…40g
にんにく(みじん切り)…5g
アンチョビ(ペースト)…15g
白ワインビネガー…40mℓ
E.X.V. オリーブオイル…60mℓ
塩…適量
胡椒…適量
イタリアンパセリ(みじん切り)…適量
イタリアンパセリ(飾り用)…適量
ラディッキオ…適量

1 カリフラワーとじゃが芋は、それぞれ塩分濃度3%の湯でボイルする。火が入ったら取り出し、カリフラワーは小房にほぐす。じゃが芋は皮をむき、2cm角ほどにカットする。
2 赤玉ねぎは厚めにスライスして水にさらし、水けをよくきっておく。
3 ボウルに、グリーンオリーブ、黒オリーブ、ケッパー、にんにく、アンチョビ、白ワインビネガー、オリーブオイルを入れて混ぜ合わせ、塩・胡椒で味を調える。
4 3に1と2、イタリアンパセリを入れてよく合わせ、10分ほど常温に置き、冷蔵庫で半日ほど冷やしてから、ラディッキオを敷いた器に盛る。

MEMO
カリフラワーにじゃが芋と、色彩に乏しい野菜を使うので、玉ねぎは赤玉ねぎを使い彩りに変化を出す。もっとシンプルに作りたいときは、アンチョビ入りのマヨネーズで野菜を和えるとよい。

人気店のサラダ料理 ● タベルナ・アイ

トリッパの
オレンジ風味のサラダ

トリッパ（ハチノス）は、サラダにも使える料理です。やわらかく煮込んで、臭みを取ってから使います。牛センマイを酢味噌で食べる感覚で、白ワインビネガーを加えた酸味のあるソースで食べます。

材料（作りやすい分量）
ハチノス…500g
下処理用
（香味野菜・水・白ワイン・白ワインビネガー・塩・ローリエ・粒胡椒・タイム…各適量）
セロリ（せん切り）…3本分
人参（せん切り）…1本分
きゅうり（せん切り）…1本分
白ワインビネガー…100㎖
オレンジ風味のオリーブオイル…80㎖
塩…適量
胡椒…適量
オレンジの果肉…4房分
ピンクペッパー…適量

1. ハチノスを下茹でする。下処理用の材料をすべて鍋に入れ、汚れを洗ったハチノスを入れてやわらかくなるまで煮込み、取り出して冷やしておく。
2. 1のハチノスはスライスしてボウルに入れ、白ワインビネガー、オレンジ風味のオリーブオイルを加えてよく混ぜる。
3. 2にセロリ、人参、きゅうりを入れて混ぜ合わせ、塩・胡椒で味を調え、常温で10分ほど置く。
4. 器に盛り付け、オレンジの果肉を飾る。ピンクペッパーをちらす。

MEMO
下茹でして臭みを抜いたトリッパは、酸味とともにオレンジの香りもきかせることで、さらに食べやすくする。

人気店のサラダ料理 ● タベルナ・アイ

根セロリとじゃが芋のサラダ マヨネーズ風味

じゃが芋サラダのバリエーションとして考えた、イタリアテイストの一品です。根セロリは、別名カブラミツバと呼ばれる、根を食べるためのセロリの仲間です。

材料（作りやすい分量）
根セロリ…1/4個
じゃが芋…3個
茹で玉子（粗みじん切り）…3個分
マヨネーズソース…適量
イタリアンパセリ（みじん切り）…適量
塩…適量
胡椒…適量
プチトマト…適量
サラダ菜…適量

マヨネーズソース
材料/作り方は P.117 参照

1. 根セロリとじゃが芋は、それぞれ皮をむいて2cm角にカットし、塩分濃度3%の湯でボイルし、火が通ったら取り出し、冷やす。
2. ボウルに1と茹で玉子、マヨネーズソース、イタリアンパセリを入れて混ぜ合わせ、塩・胡椒で味を調える。
3. サラダ菜を敷いた器に2を盛り付け、プチトマトを添える。

MEMO
根セロリは独特のクセがあるので、食べやすくするため、じゃが芋と組み合わせ、マヨネーズと和える。

人気店のサラダ料理 ● タベルナ・アイ

モッツァレラチーズとオレンジのサラダ

トマトとチーズで作るカプレーゼの感覚で、淡泊なチーズと甘い柑橘類を合わせて食べるサラダにしました。チーズは味が入りにくいので、あまり大きく切らないようにします。

材料（作りやすい分量）
モッツァレラチーズ（小さなもの）…100g
オレンジ…1個
アンチョビ（フィレ）…2本
ケッパー…小さじ1
好みのスプラウト…適量
松の実（炒ったもの）…少々
オレンジ風味のオリーブオイル…適量

1 オレンジは、横半分に切って半分は皮をむき、輪切りにして皿に盛る。残り半分は飾り用に取っておく。
2 1の皿に、モッツァレラチーズ、細長く切ったアンチョビ、ケッパー、スプラウトと松の実をちらす。
3 1の残りのオレンジをスライスして飾り、オレンジ風味のオリーブオイルをかける。

MEMO
この料理では、野菜はスプラウを使ったが、ミントの葉に代えると風味が楽しめる。

人気店のサラダ料理 ● タベルナ・アイ

ウイキョウのサラダ

ハーブとして使うウイキョウの根のフレッシュを、スライスしたサラダです。ウイキョウ独特の香りを活かすために薄くスライスして、オリーブオイルとペコリーノで食べます。

材料（作りやすい分量）
生のウイキョウ…適量
E.X.V. オリーブオイル…適量
ペコリーノ・ロマーノ（スライス）…適量

1 ウイキョウは、根の部分をスライスして皿に盛り、葉の部分を中央にのせる。
2 オリーブオイルをふり、ペコリーノをかける。

MEMO
ウイキョウの独特の風味には、イタリアでもペコリーノを合わせることが多い。羊乳で作る個性的な風味のチーズで、塩けもあるので、調味料は使わなくてよい。

人気店のサラダ料理 ● タベルナ・アイ

ピリッと辛い墨イカ、ケッパー、オリーブのサラダ

酒の肴的なイメージの魚介のサラダです。レモンとオリーブオイルのシンプルな味付けで楽しませます。肉厚のアオリイカを使ったり、タコ、エビで作っても美味しくできます。

材料（作りやすい分量）
墨イカ…2杯
プチトマト（1/4カット）…8個分
黒オリーブ（輪切り）…4個分
グリーンオリーブ（輪切り）…4個分
ケッパー（酢漬け）…10g
サルデッラ…5g
レモン汁…少々
E.X.V. オリーブオイル…適量
塩…適量
胡椒…適量
セロリの葉…少々
白ワイン…適量
イタリアンパセリ（みじん切り）
　…少々

1 墨イカは、内臓、目、クチバシと皮を取って水洗いしておく。
2 鍋に1、塩、セロリの葉、白ワイン、ワインのコルクを入れて火にかけ、やわらかく煮込んだら、冷ます。
3 2のイカを取り出して短冊に切り、プチトマト、黒オリーブ、グリーンオリーブ、ケッパー、サルデッラ、レモン汁、オリーブオイルを合わせ、塩・胡椒で味を調えて器に盛る。イタリアンパセリをちらす。

MEMO
この料理に使うサルデッラは、カラブリアの伝統的な調味料。シラウオを塩と唐辛子で漬け込んだもので、少量でもパンチのきいた独自の味わいが出せる。

トリッパの温かいサラダ

42ページのサラダより、さらにシンプルに仕上げた一品です。下茹でしたトリッパ（ハチノス）は、さらにブイヨンで煮てサラダにします。香ばしいガーリックオイルが、意外なほどトリッパの甘みに合います。

材料（5人分）

- ハチノス…300g
- ※下茹で用
- 玉ねぎ…500g
- 塩…少々
- 白ワイン…90cc
- ローリエ…1枚
- 黒粒胡椒…10粒
- 鶏のブイヨン…600㎖
- 塩・黒粒胡椒…各適量
- 季節の野菜（写真は、カステルフランコ、ルーコラ、紫玉ねぎ）…適量
- レモン…適量

ガーリックオイル
材料／作り方はP.117参照

1. ハチノスは、流水で汚れを洗い落とし、水を張った鍋に入れて火にかけ、一度茹でこぼす。表面のアクや汚れは水で洗い流す。
2. 茹でたハチノスは、さらに下茹でする。下茹で用の材料とともに圧力鍋に入れて火にかけ、蒸気が上がってから45分茹で、ザルにあげて冷ましておく。
3. ブイヨンとともに2のハチノスを鍋に入れ、塩と黒粒胡椒を加えて、20分くらい煮る。
4. 取り出したら大きめにカットし、野菜とともに盛りつける。ガーリックオイルをちらす。

MEMO
ハチノスは丁寧に下処理をすることが肝心。一度茹でこぼし、さらに野菜と香辛料などで下茹でする。このとき、圧力釜を使うと短時間で下処理ができる。

バーニャカウダ

ピエモンテ州の伝統料理です。前菜ですが、生野菜を使うことも多いので、サラダの一品として紹介しました。ソースにクリームを加えることが多いのですが、本来はクリームは加えず、野菜の持ち味を楽しませます。

材料（1人分）
バーニャカウダソース…約70mℓ

季節の野菜
写真は手前より時計回りに、
蓮根、ルッコラ、プレパラリーフ、人参、青大根、ウイキョウ、黒大根、ゴールデンビーツ、伏見赤唐辛子
…各適量

バーニャカウダソース
材料／作り方はP.118参照

1 バーニャカウダソースを専用のポッドに入れ、季節の野菜を盛った皿とともに提供する。

MEMO
にんにくは、クセを抜くために牛乳で煮て茹でこぼす。煮た後は、水っぽくなるので、水洗いはしないで使う。

レストラン **セビアン**

サーモンとブロッコリーサラダ

同店の人気メニューでもある、ギリギリに火入れした、生と燻製の中間のサーモンを使ったサラダ。サッと火入れしたブロッコリーの食感にブロッコリーソースを合わせ、幅のあるテクスチャーを愉しめるサラダにした。

材料（2人分）
ノルウェーサーモン一切れ…100g
塩…適量
砂糖…適量
EXV オリーブオイル…適量
桜チップ（燻製用）…50g
ブロッコリー…15g
マイクロ赤じそ…3g
マイクロ青じそ…3g
エディブルフラワー…適量
タルタルソース※…10g
ピスタチオ…適量
ブロッコリーソース※…20g

ブロッコリーのソース
材料／作り方は P.118参照

1 サーモンは頭側から1/4本を使う。頭側は身が厚い。サーモンの重量の1.5％の塩、砂糖をふり、マリネして1日置く。
2 ピスタチオは細かに刻み、160℃のオーブンで色がつかないように5分位ローストする。
3 桜チップを中華鍋に入れ、網を置き、その上に1のサーモンを置いて1分半、燻製にする。
4 燻製したサーモンは冷ましてから真空包装して、スチームモード、38℃に設定したスチコンに30分入れる。
5 スチコンから取り出したサーモンは冷ましてから半分にカットし、皮と身の間に包丁を入れて皮をはずす。剥いだ部分にタルタルソースを塗る。
6 タルタルソースの部分に1のピスタチオを貼りつける
7 ブロッコリーソースを盛り付ける。皿にサーモンを盛り付ける。
8 塩茹でしたブロッコリーを盛り付ける。マイクロ青じそとマイクロ赤じそを盛り付け、エディブルフラワーを散らす。

タルタルソース

材料（仕込み量）
粉マスタード…120g
卵黄…4個
玉ねぎ…6個
キュウリ…3本
人参…3本
エストラゴン酢漬け…1/2本
レモン…2個
茹で卵…4個
パセリ…適量
酢…適量
サラダ油…3.6ℓ

1 野菜はみじん切りにして水にさらす。茹で卵、エストラゴンの酢漬けもみじん切りにする。
2 卵黄と粉マスタードを混ぜ酢を適量入れる。サラダ油を少しずつ入れながら混ぜてマヨネーズを作る。
3 みじん切りの1の材料を入れ、レモンの絞り汁を入れて塩で味を調える。

イカとセロリと
フルーツトマトのサラダ

シークヮーサーとオリーブオイルでマリネした、フルーツトマト、豆苗、アオリイカの爽やかな酸味。雲丹のおいしさと舌にとろける触感、スライスしたセロリのシャキシャキとした食感のハーモニーを上手にまとめた。

材料（2人分）
フルーツトマト…1/2個
豆苗…10g
あおりイカ…40g
セロリ…10g
雲丹…10g
オキサリス…3枚
塩…適量
フルーツトマトのソース…20g
マリネ液…適量

フルーツトマトのソース
材料／作り方は P.118 参照

マリネ液
EXV オリーブオイル…適量
シークヮーサー果汁…適量
塩…適量

1 フルーツトマトを2cm角に切り種を除く。フルーツトマトと豆苗とアオリイカとマリネ液を入れて真空包装で一晩、冷蔵庫でマリネする。
2 皿にフルーツトマトのソース、イカ、トマト、豆苗、雲丹、セロリの順に盛り付ける。最後にオキサリスを添えて、塩をふる。

桜海老と生ハムのポテトサラダ

自家製マヨネーズとパプリカパウダーで和えたポテトサラダ。ボイルして素揚げをした桜海老の食感と塩味と生ハムを一緒に愉しむ。横山園芸さんのペンタスのエディブルフラワーを添え、ひと口サイズの可愛い盛り付けに。

材料（2人分）
桜海老…20g
生ハム…20g
じゃがいも…2個
白ワインビネガー…10㎖
マヨネーズパプリカ風味…適量
マヨネーズ…適量

1 桜海老はボイルしてから素揚げする。
2 じゃがいもは皮つきのまま茹でて、マッシュにする。
3 生ハムは一口大に切る。
4 ボウルに1と2と3とマヨネーズと白ワインビネガーを混ぜ合わせる。
5 皿にポテトサラダを盛り付けて、マヨネーズパプリカ風味とペンタスを添える。

マヨネーズ パプリカ風味

材料（仕込み量）
卵黄…1個
粉マスタード…大さじ1
酢…30〜40㎖
サラダ油…1000㎖
パプリカパウダー…適量

1 卵黄とマスタードと酢を泡立て器で、混ぜ合わせる。
2 1にサラダ油を少しずつ加えながら混ぜて乳化させる。
3 パプリカパウダーを混ぜ合わせる。

鮎ときゅうりと紫蘇のサラダ

鮎は、コンフィしてパテにしたところ、燻製したところ、素揚げしたところを合わせて1尾の形に戻して盛り付け。頭から尾まで、いろいろな味わいに。アンチョビのきいたきゅうりとオリーブのソースと、ほうれん草パウダーで彩りと香りも豊かに。

材料 (2人分)
鮎…2尾
塩…適量
タイム…1枝
ローリエ…1枚
きゅうり…1本
ほうれん草パウダー…適量
マイクロ赤じそ…3g
マイクロ青じそ…3g
ディルの花…適量
ドレッシング※…適量
きゅうりとオリーブと
アンチョビソース ※…10g

**きゅうりオリーブ
アンチョビソース**
材料/作り方は P.118参照

1 鮎のパテを作る。鮎は丸ごと一尾、塩とタイムとローリエで真空包装して一晩マリネする。マリネした鮎を80℃のサラダ油で4時間コンフィにする。コンフィにしたあと、ミキサーにかけて漉し、パテにする。
2 別の鮎を三枚におろしにして、塩とグラニュー糖をふり、桜チップで1分半燻製にする。
3 2の燻製した鮎の腹のところに1のパテをぬり、三枚におろして燻製した2の身を貼り付けて元の形にする。
4 3の鮎の頭と尻尾をはずして160℃のオーブンで3時間加熱。それを素揚げして、元の形に戻す。
5 きゅうりはスライサーでスライスして鍋でサッとくぐらせたあと、ドレッシングであえて巻いて形成する。
6 ほうれん草パウダーを作る。ほうれん草の葉をキッチンペーパーに挟み、電子レンジで3分加熱してからミルサーで粉末にする。
7 皿に、4の鮎を泳いでいるかのように見立てて盛り付ける。5の巻いたきゅうりを盛り付ける。ほうれん草パウダーを散らし、マイクロ青じそ、マイクロ赤じそを添えて、きゅうりとオリーブとアンチョビソースをかける。ディルの花を添える。

ドレッシング
材料 (仕込み量)
酢…375㎖
玉ねぎ…50g
セロリ…19g
にんにく…6g
サラダ油…750㎖
薄口醬油…160㎖
黒胡椒…8g
塩…適量

1 酢の半量と玉ねぎ、セロリ、ニンニクを合わせてミキサーにかける。
2 続いて残りの材料を加え、さらにミキサーをまわす。

水タコとガスパチョと
タコとオリーブのソース

水タコと海ブドウを、夏らしいガスパチョのソースと、タコと黒オリーブのソースの2種で。ガスパチョソースにはトマト、赤パプリカ、セロリなど野菜をふんだんに使い、まるで飲むサラダ。タコとオリーブのソースにもトマトの旨味を凝縮。

材料（2人分）
水タコ…1/4本
海葡萄…適量
レッドソレル…適量
オリーブ…適量
パン粉…適量
タコとオリーブのソース※…30g
ガスパチョ※…30g

1 オリーブパウダーを作る。オリーブとパン粉をフードプロセッサーにかけて、フードドライヤーで乾かす。
2 水タコはサッと湯にくぐらせて皮をむく。吸盤は取り、他は一口大にスライスする。
3 皿に水タコ、海葡萄を盛り付ける。タコとオリーブのソースとガスパチョソースを盛り付ける。オリーブパウダーを散らし、レッドソレルを添える。

タコとオリーブのソース
材料/作り方は P.119 参照

ガスパチョ
材料/作り方は P.119 参照

人気店のサラダ料理 ● レストラン セビアン

ローストカブのサラダ仕立て カブのカルボナーラソース

3種類の調理法でカブのいろいろなテクスチャーと風味を愉しむサラダ。丸ごとローストして甘みをさらに引き出したカブ。セミドライのカブはバターでソテー。麺に見立ててせん切りにしたカブは濃厚なカルボナーラ風。

材料（2人分）
カブ（セミドライ用）… 1/4個
カブ（ロースト用）… 1個
カブ（カルボナーラ用）… 1個
バター… 10g
塩… 適量
マリーゴールドの花びら… 適量
イタリアンパセリ… 適量
カルボナーラソース ※…
　生クリーム… 45㎖
　牛乳… 45㎖
　卵黄… 1個
　パルミジャーノ… 15g
　オリーブオイル… 適量

カルボナーラソース
材料/作り方はP.119参照

1 セミドライカブを作る。カブをスライスしてフードドライヤーで乾かす。バターをよく吸わせるように炒める。最後に塩で味を調える。

2 ローストカブを作る。カブにバターを塗り、アルミホイルをかぶせて180℃のオーブンで30分ローストする。スッと竹串が通るようになるまでローストする。

3 カブをせん切りにし、サッとゆでる。

4 カルボナーラソースと3を合わせて火にかけ、味を馴染ませる。

5 皿に4のカブのカルボナーラ、2のローストカブ、1のセミドライカブを盛り付ける。刻んだイタリアンパセリをふり、マリーゴールドの花を添える。

サザエのサラダ
肝であえたサザエとハーブのサラダ

肉厚でジューシー、コリコリ食感のサザエと枝豆をガーリックバターで和えた。様々なマイクロハーブのサラダは、ホロ苦さがおいしいサザエの肝と自家製ドレッシングで和えて。ピリッと辛みのあるナスタチウムの葉がアクセントに。

材料（2人分）
サザエ…1個
枝豆…20g
ガーリックバター…30g
パン粉…5g
マイクロセロリ…少々
マイクロイタリアンパセリ…少々
マイクロフェンネル…少々
マイクロセルフィーユ…少々
マイクロナスタチウム葉…適量
サザエ肝ソース…30g

サザエ肝ソース
材料／作り方は P.119 参照

1 サザエはボイルして一口大にカットする。枝豆は塩茹でする。ガーリックバターで和えたあとフライパンでサッと炒める。
2 サザエの肝ソースと、ハーブ類（マイクロイタリアンパセリ、マイクロフェンネル、マイクロセルフィーユ、マイクロセロリ）を和える。
3 皿にサザエの殻ごと盛り付けて、中に1を盛り付けてパン粉をふる。バーナーで表面を炙る。
4 肝とハーブサラダを盛り付けて、ナスタチウムの葉を添える。

ホロホロ鶏のサラダ

ホロホロ鶏は、ミンチと内臓と玉ねぎを真空包装してスチコンで火入れをしたのち、もも肉で巻いて加熱して味わいに深みを出した。たっぷりのシュクリーヌレタスに、パセリオイルと生クリームに3種のチーズをブレンドした濃厚チーズソースを合わせた。

材料（2人分）
シュクリーヌレタス…適量
ピーテンドリル（豆の芽）…適量
ホロホロ鶏胸肉…1枚
玉ねぎ…30g
卵…0.5ケ
ホロホロ鳥の内臓…0.5羽分
ホロホロ鳥のもも肉…1枚
パセリオイル※…10㎖
チーズのソース※…10g＋生クリーム20g

パセリオイル
材料／作り方は P.120 参照

チーズソース
材料／作り方は P.120 参照

1 ホロホロ鳥の肉をミンチにする。
2 玉ねぎをみじん切りにしてソテーする。
3 ボウルに挽き肉、玉ねぎ、卵（つなぎ）、内臓を入れて混ぜる。丸く形成してアルミホイルに巻いて真空包装する。スチームモード、72℃のスチコンで、芯温が67℃なるまで加熱する。
4 冷めたら、うすく開いたもも肉を1に巻きつけて形成し、アルミホイルで巻いて真空包装する。スチームモード、72℃のスチコンで芯温が67℃になるまで加熱する。
5 フライパンで表面だけ焼き目を付ける。
6 肉を一口大に切り分けて、皿に盛り付ける。パセリオイルとチーズソースを共する。

牛ほほ肉の大地のサラダ

じっくり赤ワインを染み込ませた牛ほほ肉を土台に、土に見立てたマッシュルームパウダーをのせ、彩り豊かな野菜が育っているような盛り付けに。アスパラは茹で、人参はグラッセ、トマトは生と、それぞれの味わいの良さを引き立たせる調理法で。

材料（2人分）

- 和牛ホホ肉…1キロ
- 赤ワイン…100㎖
- 塩…適量
- 胡椒…適量
- フォンドボー…30g
- アスパラガス…1本
- サンマルツァーノトマト…1/4個
- 人参…適量
- 砂糖…適量
- バター…10g
- マッシュポテト…20g
- トンナムル…適量
- マッシュルームパウダー…適量

1. 和牛ほほ肉に1％の塩をふり、赤ワインをひたひたに入れて真空包装する。スムモード、70℃に設定したスチコンに36時間入れる。
2. 包装した中から和牛ほほ肉を取り出し、中の赤ワインの煮汁とフォンドボーを小鍋に入れて煮詰める。バターを入れて濃度をつけ、ジュのソースを作る。
3. 和牛ホホ肉はオーブンモード、80℃のスチコンに入れて照り焼きにする。取り出したら切り分ける。
4. 人参グラッセを作る。フライパンにバターと砂糖を入れて人参をグラッセにする。
5. アスパラは塩茹でする。
6. 皿に肉を置きマッシュポテトを盛り付けて、大地に見立てるように、アスパラ、人参、サンマルツァーノを盛り付けていく。トンナムルを添える。マッシュルームパウダーを散らす。

鴨のスモークと人参のサラダ
人参ピュレソース

一見、鴨が主役のようだが、主役は人参。鴨の骨からとったジュと人参のピュレ、紫人参のピュレ、人参ピュレ、素揚げした人参の葉を合わせ、人参のいろいろな味わいと風味の広がりを満喫でき、人参の余韻で締めくくる一皿。鴨は二度に分けて燻製にすることで、より桜の薫香をまとわせている。

材料（2人分）
鴨むね肉…半身
塩…適量
胡椒…適量
白人参…1切
白人参（青い部分）…1切
ベビーキャロット…1本
人参の葉 適量…1本分
紫人参ピュレソース※…20g
人参ピュレソース※…10g
鴨のジュと人参ピュレソース※…各20g

紫人参ピュレソース
材料／作り方は P.120 参照

人参ピュレ
材料／作り方は P.120 参照

鴨のジュと人参ソース
材料／作り方は P.120 参照

1 鴨むね肉は、格子状に切り目を入れて塩、胡椒をする。桜チップで1分半燻製したのち、皮目だけフライパンで焼く。
2 真空包装にしてスチームモード、67℃のスチコンで、芯温が57℃になるまで加熱する。
3 人参の葉を素揚げにする。白人参は一口大に切り分けて、スチームモード、100℃のスチコンで柔らかくなるまで加熱する。
4 スチコンから出した鴨むね肉を、さらに皮目をカリッと焼いてスモークガンで燻製をかける。
5 皿に、鴨と白人参と人参の葉を盛り付ける。紫人参ピュレ、人参ピュレ、鴨のジュと人参のピュレソースを共する。

CHINESE酒場
炎技

青唐辛子とパクチーのサラダ

中国の東北地方の伝統的な野菜の冷菜「老虎菜」をサラダ仕立てに。山椒油をきかせた、酢っぱ辛いソースをかけ、パクチーと青唐辛子の組み合わせという、香りと辛味の個性を、より複雑な余韻になるようにした。

材料（1皿分）
青唐辛子…適量
パクチー…適量
赤玉ねぎ（スライス）…適量
ディル…適量
白ねぎ（せん切り）…適量
キュウリ（スライス）…適量
レモン（串切り）…1切れ
老虎菜のソース…適量

老虎菜のソース
材料／作り方は P.121 参照

1 青唐辛子は斜め切りにする。ディルは食べやすい大きさに切る。
2 赤玉ねぎ、キュウリのスライス、白ねぎのせん切りを合わせて器に盛り、老虎菜のソースをかける。
3 上にディルとパクチーを盛り付け、レモンの串切りを添える。

アボカドと
マグロのサラダ

アボカドとマグロの赤身は相性がいい。それをラー油のソースで中国料理らしい味わいに。ラー油の他、ごま油や醤油や砂糖を合わせて作る紅油ソースは、付け合わせの生野菜もおいしく食べられる味。

材料（1皿分）
アボカド　1/2個
マグロ　50g
大根（細切り）　適量
貝割れ菜　適量
白ねぎ（せん切り）　適量
チャービル　適量
紅油ソース　適量

紅油ソース
材料/作り方はP.121参照

1 マグロは角切りにする。
2 アボカドは半分に切ってタネを取り、果肉をスプーンで皮から外す。皮は器にする。マグロの大きさに合わせて切る。
3 器に大根の細切りと貝割れ菜を置き、その上にアボカドの皮をのせ、マグロとアボカドを盛り付け、紅油ソースをかける。
4 上に白ねぎのせん切りとチャービルを飾る。

人気店のサラダ料理 ● CHINESE酒場　炎　技

大海老と
季節のフルーツサラダ
マヨネーズソース

車エビは茹でてから塩水に浸けて冷まして下味を付ける。クリーミーなマヨネーズソースとフレッシュフルーツという、エビとは違う甘みとの組み合わせで、エビの甘さを引き立てる。パプリカパウダーをアクセントに。

材料（1皿分）
車エビ…4尾
マンゴー…1切れ
イチジク…1切れ
キウイ…1切れ
桂花トマト…1個
ベビーリーフ…適量
チャービル…適量
ワンタンの皮を揚げたもの…適量
塩…適量
パプリカパウダー…適量
マヨネーズソース…適量

マヨネーズソース
材料／作り方は P.121 参照

1. 車エビは茹でてから塩水に浸して冷ましながら下味をつけてから殻をむく。
2. 小皿にベビーリーフと揚げたワンタンの皮をのせ、マンゴー、イチジク、桂花トマト、キウイをのせる。
3. エビ1尾ずつのせ、マヨネーズソースをかける。
4. パプリカパウダーを添える。

ブリの中華風刺身
サラダ仕立て
翡翠ソース

青ねぎをたっぷり使う、醤油風味のソースで、脂ののったブリをさっぱりといただく。カシューナッツや揚げワンタンなどと混ぜながら、好みでピーナツオイルで調整して味わってもらう。タイ、ヒラメにしても、よく合う。

材料（1皿分）
ブリ…6切れ
大根（細切り）　適量
貝割れ菜　適量
カシューナッツ（刻んだもの）…適量
揚げたワンタンの皮…適量
パクチー…適量
レモン（串切り）…1切れ
ピーナッツオイル…適量
翡翠ソース…適量

翡翠ソース
材料/作り方はP.122参照

1　器の中央に大根の細切り、貝割れ菜をのせ、その上にブリの切り身を皿に盛り付ける。
2　ブリのまわりに、揚げたワンタンの皮、カシューナッツを刻んだもの、パクチーを盛り付ける。
3　翡翠ソースとピーナッツオイルを別添えする。

ピータンと豆腐のサラダ
山椒ソース

淡白な豆腐と、クセのあるピータンやパクチーの組み合わせ。やわらかい豆腐と歯触りのいいザーサイやキュウリの組み合わせ。小皿ながら、いろいろな対比を楽しませるサラダ。ソースは、生姜と山椒のさっぱり醤油味に。

材 料（1皿分）
豆腐…1/4丁
ピータン…1/2個
ザーサイ…適量
キュウリ…適量
トマト…適量
白ねぎ（細切り）…適量
パクチー…適量
椒麻ソース…適量

椒麻ソース
材料 / 作り方は P.122 参照

1　豆腐は小さめの角切りにする。
2　豆腐に合わせてピータンを切る。
3　ザーサイ、キュウリ、トマトを粗く刻んで合わせ、椒麻ソースで和える。
4　器に豆腐を盛り、上に3をのせる。
5　パクチーと白ねぎの細切りを飾る。

人気店のサラダ料理 ● CHINESE酒場　炎 技

タイラギ貝と大根の
ビーツサラダ

色鮮やかなビーツでタイラギ貝を引き立てる。パプリカとエシャロットで香り豊かにアレンジしたイタリアンドレッシングをたっぷりかける。パン粉を加えてソースにするので、口当たりは軽く、タイラギ貝にもよくからむ。

材料（1皿分）
タイラギ貝の貝柱…1個
ズッキーニ…適量
イエローズッキーニ…適量
大根…適量
ビーツ…適量
パプリカ…適量
香味野菜ソース…適量

香草野菜ソース
材料/作り方はP.122参照

1 タイラギ貝の貝柱は薄切りにする。
2 ズッキーニは薄い輪切りにする。大根とパプリカ、ビーツは細切りにする。
3 皿にズッキーニを並べて、上にタイラギ貝を盛り付ける。
4 ビーツ、大根、パプリカを盛り付けて、香草野菜ソースをかける。

大海老とアボカドの生春巻き

生葉巻をチャイニーズテイストに。スイートチリソースに、揚げニンニクやパクチーを加え、砂糖とレモン汁も足してコクと香りの高いソースにした。車エビのほか、蒸し鶏、焼豚と合わせてもいい。

材料（1皿分）
車エビ…1尾
生春巻きの皮…1枚
アボカド…1/2個
レタス…適量
赤パプリカ…1/2個
大葉…2枚
水菜…適量
レモン（串切り）…1切れ
スイートチリソース…適量

スイートチリソース
材料／作り方は P.122 参照

1 生春巻きの皮を水で戻しておく。
2 車エビは茹でてから、塩水に浸けて冷まし、殻をむく。薄切りにする。
3 アボカドの果肉は薄切りにし、赤パプリカは細切りにする。
4 生春巻きの皮を広げて、水菜、エビ、アボカド、パプリカを置いて巻く。
5 切って盛り付け、スイートチリソース、レモン串切りを添える。

ロメインレタスの温野菜サラダ

シンプルでおいしい、香港の温野菜サラダ。ロメインレタスを茹でるが、シャキッとした食感は残すように茹でるのがポイント。茹でたてにオイスターソースをかけて、香り立つレタスとソースの味わいを楽しんでもらう。

材料（1皿分）
ロメインレタス…適量
塩…少々
砂糖…少々
サラダ油…少々
オイスターソース…適量

1 ロメインレタスは適当な大きさにちぎる。
2 湯を沸かして、塩と砂糖とサラダ油を少し加える。
3 1のロメインレタスを、さっと湯にくぐらせるくらいに茹でる。
4 ロメインレタスが温かいうちにオイスターソースをかける。

人気店のサラダ料理 ● CHINESE酒場 炎技

アグー豚バラ肉と温野菜の蒸篭蒸し海鮮醤油ソース

ナンプラーをアクセントに加えた醤油ベースのソースで。蒸した根野菜、葉野菜、キノコ、そして豚肉、鶏肉、魚介など、様々な食材との相性がいいソース。蒸す食材は、彩よく組み合わせるといい。

材料（1皿分）
- アグー豚バラ肉…4切れ
- ブロッコリー…1房
- 青梗菜…2枚
- アスパラガス…1本
- エリンギ…1/3本
- トウモロコシ…1/5本
- さつまいも…1/5本
- パプリカ…1/8個
- パクチー…適量
- 海鮮醤油ソース…適量

海鮮醤油ソース
材料/作り方はP.123参照

1. 野菜は洗って食べやすい大きさに切り、豚バラ肉の切り身と一緒に蒸篭で蒸す。
2. 蒸し上がったら、海鮮醤油ソースとパクチーを添える。

人気店のサラダ料理 ● CHINESE酒場 炎技

牛しゃぶ肉と
夏野菜のサラダ冷麺
豆乳胡麻ソース

豆乳と練りごまで作るソースで食べるサラダ風の冷麺。コクのあるソースなので、たっぷりの野菜と合わせても最後まで水っぽくはならない。ラー油とマスタードをアクセントにして、食べ飽きない工夫もしている。

材料（1皿分）
牛ロース肉（薄切り）…50g
香港麺…110g
ベビーリーフ…適量
貝割れ菜…適量
トマト…1/2個
オクラ…1本
トウモロコシ…1/8本
レモン（串切り）…1切れ
豆乳ごまソース…適量

豆乳ごまソース
材料/作り方は P.123 参照

1 オクラは茹でて斜め切りにする。トウモロコシは茹でて適当な厚さに切る。トマトは串切りにする。
2 ベビーリーフと貝割れ菜を合わせる。
3 麺は茹でて、冷水で洗って水けをきっておく。
4 牛ロース肉は、さっと肉の色が変わるくらい茹でる。
5 麺を盛り付け、上に牛肉をのせ、その上から2を盛り付け、まわりにオクラ、トマト、トウモロコシを盛り付け、豆乳ごまソースをかける。
6 レモンの串切りを添える。

ズッキーニのジェノベーゼサラダ

ジェノベーゼソースと、ピーラーで薄く削ったズッキーニをミルフィーユ状に重ねてカット。シンプルに野菜とジェノベーゼソースだけで組み立てて素材の持ち味を生かしました。

材 料（180㎜×75㎜×高さ50㎜のパウンド型1台分）
ズッキーニ…3本
ジェノベーゼソース※…適量
黒胡椒…少々
EXV. オリーブオイル…適量

1 ズッキーニはピーラーで縦にスライスする。
2 パウンド型にラップをぴったりと敷き、型に合わせて1のズッキーニを敷き詰めたら、ジェノベーゼソースをぬる。さらにズッキーニ、ジェノベーゼソースの順に繰り返し重ねる。
3 冷蔵庫に2を入れ、ズッキーニがしんなりしたらとり出して、好みの大きさに切る。
4 器に3を盛り付け、仕上げに黒胡椒をふり、オリーブオイルをかける。

MEMO
* ジェノベーゼソースのバジルは、洗うと香りが飛んでしまううえ、変色しやすくなるので洗わずに使う。
* 一般的なジェノベーゼソースよりパルメザンチーズの量が多いのが特徴。濃厚なペースト状なので、液だれしにくく扱いやすい。オリーブオイルでのばせば、パスタソースにもなる。

ジェノベーゼソース

材 料（作りやすい分量）
にんにく…2片
松の実…25g
バジル（生）…50g
EXV. オリーブオイル…100ml
パルメザンチーズ（粉）…50g
塩・黒胡椒…各少々

作り方
松の実をフライパンで軽く炒る。残りの材料と一緒にミキサーに入れて撹拌する。まわしにくい場合は適宜オリーブオイルを足す。

丸ごとトマトのカプレーゼ

真っ赤なトマトを器に見立て、モッツァレラチーズを丸ごと詰めた大胆な盛り付け方がポイント。フレッシュバジルはオリーブオイルと一緒に撹拌して風味豊かなバジルオイルに。

材料（1皿分）
トマト…大1個
モッツァレラ…大1個
結晶塩…適量
黒粒胡椒…適量
EXV. オリーブオイル…適量
バジル（飾り用）…少々

バジルオイル
材料／作り方は P.123参照

1. 大きめのトマトを用意し、へたの方から包丁を入れ、モッツァレラチーズが丸ごと入るくらいの大きさにくり抜く。トマトの底は置いたとき安定するよう平らにカットする。
2. モッツァレラチーズを1のトマトに詰める。
3. 皿の真ん中にバジルオイルを丸くのばし、2のトマトを置いてバジルの葉を飾る。仕上げに結晶塩、黒胡椒を砕いてふり、オリーブオイルをかける。

MEMO
傷みやすいフレッシュバジルは、オイルと合わせることで変色を防ぎ、日持ちがよくなる。パスタやサンドイッチ、ピザなどの仕上げにも使える。

クレソン & シトラスサラダ

ほろ苦さが魅力のクレソンとグレープフルーツを爽やかなレモンマリネ・ドレッシングでまとめます。グレープフルーツ以外にも、はっさくなど、少しほろ苦い柑橘類と合います。

材料（2人分）
クレソン…1束
グレープフルーツ（ルビー）…1個
レモンの皮…1/2個分
レモンマリネ・ドレッシング※…適量

レモンマリネ・
ドレッシング
材料/作り方はP.123参照

1. クレソンは半分に切る。グレープフルーツ皮をむき、袋から実を出す。
2. レモンマリネ・ドレッシングに1のグレープフルーツを漬けて30分ほどマリネする。
3. 2に1のクレソンを加えてざっくりと和え、器に盛り、仕上げにレモンの皮を削ってふる。

MEMO

* グレープフルーツをドレッシングでマリネすることで味がしみ込むとともに、ドレッシングにもグレープフルーツの香りが移り、全体に味や香りのまとまりがよくなる。
* グレープフルーツは好みの種類（ルビー、ホワイト、ピンクなど）を使うとよい。
* クレソンは食べる直前に和えて色と食感を生かす。クレソン以外にもルッコラ、パクチー、サラダほうれん草などで作るのもおすすめ。

ドレッシングでマリネすることで果実の味がドレッシングにも移り、一体感が出る。

人気店のサラダ料理 ● LIFE KITASANDO

グリーンビーンズサラダ

いんげん、スナップえんどう、枝豆、空豆、豆苗など、緑色のグラデーションが爽やかな印象の初夏にぴったりのサラダです。マリネしておけば、盛り付けるだけで提供できます。

材料（作りやすい分量）
いんげん…100g
枝豆（さや付き）…200g
そら豆（さや付き）…400g
豆苗…1/2パック
ガーリックドレッシング※…適量

1. いんげんは、へたの部分を切り落とす。そら豆はさやから出し、豆のくぼみのあたりに包丁で浅く切り込みを入れる。いんげんとそら豆は、それぞれ塩分2%の熱湯でやや固めに茹でる。枝豆は先端をはさみで少し切り落とし、塩分4%の熱湯でやや固めに茹でる。
2. 豆苗は食べやすい幅に切る。
3. 1の豆類が温かいうちに、ガーリックドレッシングで和えてマリネし、10分程度おく。食べる直前に豆苗を食べやすい幅に切って加え、全体に和えて器に盛り付ける。

MEMO
* そら豆は切り込みを入れておくことで塩味がつきやすく、また実も出しやすくなる。
* 豆類が温かいうちにドレッシングでマリネすると味がよくしみ込む。
* 冷やしておいて、カッペリーニと一緒に和えれば冷製パスタにもなる。

茹でた豆類をドレッシングで和えるまで仕込んでおけば、盛り付けるだけで提供できる。

ガーリックドレッシング

材料（作りやすい分量）
にんくのすりおろし…2片分
EXV. オリーブオイル…30㎖
白ワインビネガー…20㎖
レモン汁…大さじ1
はちみつ…大さじ1
醤油…小さじ2
塩、黒胡椒…各少々

作り方
ボウルに材料をすべて合わせ入れ、泡立て器でよく混ぜ合わせる。

さくらんぼと香味野菜と大麦のチョップサラダ

ワンボウルでメインディッシュにもなる食べごたえのあるサラダは、いろいろな材料をチョップ=小さく刻んでドレッシングで和えることで、様々な食感や味わいが一度に楽しめます。

材料（作りやすい分量）
- さくらんぼ…10個
- 紫玉ねぎ（みじん切り）…1/4個分
- セロリ（みじん切り）…1本分
- 大麦（塩茹でしたもの）※…100g
- グリーンオリーブ（種抜き）…50g
- カッテージチーズ…50g
- くるみ…20g
- ハニーマスタードドレッシング※…適量
- チャービル…少々

ハニーマスタードドレッシング
材料/作り方は P.124 参照

1. セロリ、紫玉ねぎは、それぞれ塩をふり、しばらくおく。出てきた水分はキッチンペーパーでとる。
2. さくらんぼは、横半分に切り込みを入れて種を取り除く。グリーンオリーブは半分に切る。くるみは粗くくだいておく。
3. ボウルに1、2を合わせ入れ、カッテージチーズを加えてハニーマスタードドレッシング適量で和える。
4. 器に大麦、さくらんぼ、3の順にのせて盛り、チャービルを飾る。

MEMO
* 大麦は熱湯に対して10%の塩を加えて茹で、EXV.オリーブオイル適量（分量外）をかけておく。他の具材とのなじみがよくなる。
* 写真はメインでいただくなら1人分、取り分けするなら2～3人分程度が目安。

大麦の代わりにキヌアや好みの豆類を同様に塩茹でしてオイルで和えて用いると、また違った味わいに。

人気店のサラダ料理 ● LIFE KITASANDO

キノコとレタスのソテーサラダ

旨み豊かなきのこをガーリックソテーし、レタスと炒め合わせたホットサラダ。きのこのソテーは日持ちするうえ、応用がきくので味のベースとして多めに作っておくと便利です。

材料（作りやすい分量）
- まいたけ…1パック
- マッシュルーム…1パック
- エリンギ…1パック
- レタス…適量
- にんにく…3片
- 赤唐辛子…2本
- オリーブオイル…適量
- 塩、黒胡椒…各適量
- ピンクペッパー…適量

1. きのこ類は、それぞれ食べやすく切っておく。レタスはちぎっておく。
2. フライパンにオリーブオイルとにんにくを入れて弱火にかけ、香りがたってきたら、赤唐辛子を入れる。
3. 1のきのこを2に加えて塩、黒胡椒をふってソテーする。きのこがしんなりとして水分が十分に飛ばしたら火を止め、ちぎったレタスを入れて全体にざっと混ぜる。
4. 器に3を盛り、ピンクペッパーを指でつぶしながらかける。

MEMO
きのこのソテーは、オリーブオイルの量を増やすと「アヒージョ」にもなる。

ソテーしたきのこは常備菜にも。パスタ、ピラフ、サンドイッチ、スープなどの具としてもアレンジ可能。

根菜の香味サラダ

多彩な食感が楽しめる根菜のサラダ。それぞれ揚げ焼きにしてピリ辛の甘酢ドレッシングでマリネします。アクセントに、カリカリに揚げたごぼうをトッピングすれば、多彩な食感が楽しめます。

材料（作りやすい分量）
蓮根…200g
ごぼう…1本
山芋…200g
ごぼう（トッピング用）…適量
香味入り甘酢ドレッシング※…適量
揚げ油…適量

香味入り甘酢ドレッシング
材料／作り方はP.124参照

1 ごぼうは皮をこそげ、食べやすい大きさに切る。蓮根山芋はそれぞれ皮をむいて1cm厚さの輪切りにする。トッピング用のごぼうはピーラーで薄く削って水にさらす。
2 1の蓮根と山芋は、それぞれ多めの油で揚げ焼きにして、塩をふって下味をつけておく。
3 トッピング用のごぼうは水気をきって、カリッとするまで揚げて塩をふっておく。
4 香味入り甘酢ドレッシングを作り、熱いうちに2の根菜を漬ける。
5 全体に味がなじんだらドレッシングごと器に盛り、トッピングの揚げごぼうをのせる。

MEMO

* ドレッシングが温かいうちに根菜を漬け込むと、味がなじみやすい。
* できたてはもちろん、冷やしてもおいしい。
* 茹でた麺に根菜をドレッシングごとかけて麺料理に、また魚や肉団子を加えれば主菜にもなる。

和風シーザーサラダ

和の香味野菜を洋風のシーザーサラダドレッシングで和えた和洋折衷なおいしさがクセになります。葉物野菜の食感を生かすよう、ドレッシングは食べる直前に和えるのがコツ。

材料（2〜3人分）
春菊…1/3袋
三つ葉…1/2袋
大葉…4枚
水菜…1/3袋
シーザードレッシング※…適量
パルメザンチーズ（ブロック）…適量
クルトン…適量
アンチョビ（フィレ）…4本
粗挽き黒胡椒…適量

シーザードレッシング
材料/作り方はP.124参照

1 春菊は葉を摘む。水菜と三つ葉は、それぞれ3㎝長さに切る。大葉はちぎっておく。
2 ボウルに1の野菜をすべて入れて混ぜ、クルトン、アンチョビ2本にシーザードレッシングを加えて全体をざっくりと和える。
3 2を器に盛り、アンチョビ2本をパルメザンチーズを削ってのせ、粗挽き黒胡椒をたっぷりとふる。

MEMO
＊濃厚なドレッシングなので、食べる直前に和えると葉物がしんなりせず、クルトンもカリカリに。
＊シーザードレッシングは、茹で卵と和えてサンドイッチの具に、またフライのソースにしてもおいしい。

和の香味野菜はお好みで。香りや食感の違うものを組み合わせるのがコツ。

ブロッコリーとカリフラワーの白和えサラダ

豆腐を使った白和え衣にはヘルシーなカッテージチーズで塩気とボリュームをプラス。ボイルしたカリフラワー＆ブロッコリーを組み合わせて見栄えよく食べごたえのある一皿に。

材料（作りやすい分量）
ブロッコリー…1株
カリフラワー…1/2株
白和え衣※…適量
白炒りごま…適量

白和え衣
材料/作り方は P.124 参照

1 ブロッコリー、カリフラワーは、それぞれ小房に切り分ける。鍋に湯1.5ℓあたり大さじ1の塩（分量外）を加えた熱湯で、それぞれ固めに茹でる。
2 器に1のブロッコリーとカリフラワーを彩りよくこんもりと盛り付け、白和え衣をたっぷりのせて白ごまをふる。

MEMO
* 白和え衣の豆腐は、しっかり水きりをして甘めに味付けし、カッテージチーズの塩味をプラスすることで甘しょっぱくなり、最後まで飽きずに食べられる。
* この白和え衣は、生野菜のスティックサラダのディップにも。またカッテージチーズを入れず、とけるタイプのチーズをのせてオーブンで焼いてグラタン風にしてもおいしい。

人気のサラダソース・ドレッシング

甘酢ジュレ

[材料]
甘酢※…200㎖
水…200㎖
板ゼラチン…7g

[作り方]
甘酢と水を合わせて火にかけ、80℃まで加熱して板ゼラチンを加えて溶かし、粗熱をとってから冷蔵庫で冷やし固める。

MEMO
甘酢は水2カップ、酢1カップ、砂糖100g、塩10gを合わせて火にかけ、砂糖と塩が溶けたら火を止めて冷ましたもの(作りやすい分量)。

▶甘酢漬けトマトサラダ P.10

土佐酢ジュレ

[材料] 作りやすい分量
A ┌ 米酢…90㎖
  │ だし…90㎖
  │ 薄口醤油…30㎖
  └ みりん…30㎖
追いガツオ…ひとつまみ
板ゼラチン…2.5g
生姜の絞り汁…小さじ2

[作り方]
1 鍋にAの材料を合わせて火にかけ、沸いてきたら追いガツオをして火を止め、ざるで漉す。
2 水で戻した板ゼラチンを加えて溶けたら、生姜の絞り汁を加えて粗熱をとり、冷蔵庫で冷やし固め、ジュレを裏漉しする。

▶海藻とちりめんじゃこのサラダ P.31

醤油ドレッシング

[材料] 作りやすい分量
サラダ油…30㎖
醤油…30㎖
酢…20㎖

[作り方]
材料を合わせてよく混ぜる。

▶蒸し鮑と生雲丹のサラダ P.12

明太マヨネーズ

[材料] 作りやすい分量
辛子明太子…40g
マヨネーズ…40g
レモン汁…50㎖

[作り方]
辛子明太子は薄皮をとり、残りの材料と一緒に合わせてよく混ぜる。

▶車海老と蓮根のサラダ P.13

オニオンドレッシング

[材料] 作りやすい分量
米酢…200㎖
醤油…200㎖
玉ねぎ（薄切り）…大1個分
玉ねぎのすりおろし
　…大1個分
サラダ油…少々

[作り方]
鍋に油少々を入れて熱し、薄切りの玉ねぎをきつね色になるまで炒めて火を止める。粗熱をとり、残りの材料と一緒にミキサーで撹拌する。

▶ガーリックチキンサラダ P.15

ごまドレッシング

[材料] 作りやすい分量
醤油…15㎖
ごま油…15㎖

[作り方]
材料をよく混ぜ合わせる。

▶豚ロースとざる豆腐のサラダ P.17

ポン酢ドレッシング

[材料] 作りやすい分量
ポン酢醤油※…20㎖
サラダ油…15㎖

[作り方]
材料を合わせてよく混ぜ合わせる。

MEMO
ポン酢醤油は、柑橘酢・濃口醤油各5カップ、酢・たまり醤油各1/2カップ、煮きり酒240㎖、煮きりみりん280㎖、昆布30g、花カツオ40gの順に加え、夏場は3日、冬は6日程度常温で寝かせて布漉ししたもの。保存は冷蔵庫で（作りやすい分量）。

▶鯵と香味野菜のサラダ P.21

オーロラドレッシング

[材料] 作りやすい分量
サラダ油…120㎖
穀物酢…80㎖
マヨネーズ…30㎖
ケチャップ…30㎖
玉ねぎのすりおろし…50㎖
にんじんのすりおろし…25㎖
りんごのすりおろし…30㎖
にんにくのすりおろし…1片分
クリームチーズ…30g
黒粒胡椒…少々

[作り方]
ボウルにすべての材料を合わせて、よく混ぜる。

▶モッツァレラチーズと野菜のサラダ P.24

バーニャカウダ ソース	ブロッコリーの ソース	フルーツトマト のソース	きゅうりオリーブ アンチョビソース

[材料] 6人分
にんにく…100g
E.X.V. オリーブオイル…300㎖
アンチョビ…60g
オレガノ(好みで)…少々

[作り方]
1 にんにくは半割りにして鍋に入れ、ひたひたの牛乳(分量外)を入れて火にかける。
2 沸騰したら、ザルにあげて牛乳をきる。水っぽくなるので、にんにくは水洗いしない。
3 鍋に入れてオリーブオイルを加え、弱火で焦がさないよう途中で火から外したりしながら、30分ほど煮る。
4 火が入ったらアンチョビを入れ、再度沸騰したら火から下ろす。
5 熱いうちにミキサーに入れて回す。
6 器に移してから、好みでオレガノを加える。オレガノはミキサーにかけると苦みが出るので、最後に加える。

▶バーニャカウダ P.54

[材料] 仕込み量
ブロッコリー…1個
玉ねぎ…1/2個
塩…適量

[作り方]
1 玉ねぎをスライスして、フライパンで炒める。ブロッコリーのスライスも加えて炒めて、水をひたひた注いで火にかけて、柔らかくなるまで炊く。
2 ミキサーで攪拌して、裏ごしをする。
3 小鍋にうつし、煮詰めて塩で味を調える。

▶サーモンとブロッコリーサラダ P.56

[材料] 仕込み量
フルーツトマト…5個
にんにく…2片
バター…50g
オリーブオイル…適量
塩…適量

[作り方]
1 フルーツトマトは湯むきをして種を除きみじん切りにする。にんにくもみじん切りにする。
2 フライパンにオリーブオイルをひき、にんにくを入れて香りがたったら1のトマトを加えて、バターも加えて炒める。
3 ミキサーにかけて裏ごしをする。鍋に移して、煮詰め最後に塩で味を調える。

▶イカとセロリとフルーツトマトのサラダ P.58

[材料] 仕込み量
きゅうり…2本
グリーンオリーブ(種ぬき)
　　　　　　…20個
パセリ…適量
アンチョビペースト…適量
EXV オリーブオイル…20㎖

[作り方]
1 きゅうりは皮をむいてみじん切りにする。グリーンオリーブ、パセリの葉もそれぞれみじん切りにする。
2 残りの材料と1をボウルに入れて混ぜ合わせる。

▶鮎ときゅうりと紫蘇のサラダ P.62

人気のサラダソース・ドレッシング

タコオリーブソース

[材料] 仕込み量
タコ…一杯
黒オリーブ…200g
ケッパー…30g
トマト…4個
にんにく…30g
アンチョビ…36g

[作り方]
1 トマトは種を除き、フードプロセッサーにかける。他の材料もそれぞれフードプロセッサーにかける。
2 フライパンに油をひき、にんにくを炒めて香りがでたらアンチョビを入れてサッと炒める。
3 タコ、ケッパー、黒オリーブ、1のトマトを加えて、トマトの水分がなくなるまで煮詰める。塩で味を調える。

▶水タコとガスパチョとタコとオリーブのソース P.64

ガスパチョ

[材料] 仕込み量
トマト…3個
玉ねぎ…80g
セロリ…50g
赤パプリカ…1/4個
きゅうり…1本
にんにく…1ケ
バケットの白い部分…20g
赤ワインビネガー…75㎖
オレンジジュース…50㎖
EXVオリーブオイル…100㎖
唐辛子…1/2本
塩…適量
タバスコ…適量
シャンタナ（粘剤）…適量

[作り方]
1 材料を全てミキサーにかけて混ぜ合わせる。
2 裏ごしする。

▶水タコとガスパチョとタコとオリーブのソース P.64

カルボナーラソース

[材料] 仕込み量
卵黄…1個
生クリーム（45%）…45㎖
牛乳…45㎖
パルメザンチーズ…適量
バター…10g
塩…適量
黒胡椒…適量

[作り方]
1 鍋に材料を入れて火にかけ、よく混ぜ合わせて乳化させる。
2 塩と黒胡椒で味を調える。

▶ローストカブのサラダ仕立てカブのカルボナーラソース P.66

サザエ肝ソース

[材料] 仕込み量
さざえ…1個
ドレッシング…20g

[作り方]
1 さざえを茹でて、肝をとりのぞく。
2 ドレッシング20g、肝20gを混ぜ合わせる。

▶サザエのサラダ 肝であえたサザエとハーブのサラダ P.69

| パセリオイル | チーズソース | 紫人参ピュレソース | 人参ピュレ |

パセリオイル

[材料] 割合
パセリの葉…1
オリーブオイル…2

[作り方]
1 パセリとオリーブオイルをミキサーで混ぜる。
2 キッチンペーパーで漉す。

▶ホロホロ鶏のサラダ P.70

チーズソース

[材料] 仕込み量
マリボ…200g
エメンタール…200g
ゴルゴンゾーラピカンテ…200g
生クリーム（46%）…300㎖

[作り方]
1 チーズを細かく刻む。
2 鍋に生クリームを入れて沸かして、チーズを溶かし混ぜ合わせる。

▶ホロホロ鶏のサラダ P.70

紫人参ピュレソース

[材料] 仕込み量
紫人参…2本
水…100㎖
塩適量

[作り方]
1 紫人参の皮をむき芯を取り除き、スチームモード、100℃のスチコンで20分加熱する。
2 ミキサーに水と1を入れてまわす。塩で味を調える。

▶鴨のスモークと人参のサラダ 人参ピュレソース P.74

人参ピュレ

[材料] 仕込み量
人参…2本
水…100㎖
塩…適量

[作り方]
1 人参の皮をむき芯を取り除き、スチームモード、100℃のスチコンで20分加熱する。
2 ミキサーに水と1を入れてまわす。塩で味を調える。

▶鴨のスモークと人参のサラダ 人参ピュレソース P.74

人気のサラダソース・ドレッシング

鴨のジュと人参ソース

[材料] 仕込み量
鴨の骨…一羽分
玉ねぎ…20g
人参…20g
水…適量
人参ピュレ…20g
バター…10g

[作り方]
1. 180℃のオーブンで鴨の骨をカリッとするまで加熱する。
2. 鍋に1と玉ねぎ、人参、水をひたひたに入れて2時間かけて出汁をとる。
3. 煮詰めて人参ピュレと合わせて、バターでつないでソースを作る。

▶鴨のスモークと人参のサラダ 人参ピュレソース P.74

老虎菜のソース

[材料] 仕込み量
塩…50g
砂糖…0g
黒胡椒…15g
白胡椒…15g
酢…900g
レモン汁…45g
山椒油…240g

[作り方]
材料をよく混ぜ合わせる。

▶青唐辛子とパクチーのサラダ P.76

紅油ソース

[材料] 仕込み量
にんにく（すりおろし）…25g
砂糖…200g
湯…300g
醤油…200g
ラー油…50g
ごま油…25g
チキンコンソメ…50g

[作り方]
材料をよく混ぜ合わせる。

▶アボカドとマグロのサラダ P.78

マヨネーズソース

[材料] 作りやすい分量
マヨネーズ…250g
ハチミツ…35g
コンデンスミルク…60g
レモン汁…25g
ジン…5g

[作り方]
材料をよく混ぜ合わせる。

▶大海老と季節のフルーツサラダ マヨネーズソース P.81

翡翠ソース

[材料] 仕込み量
やっこねぎ…1束
おろし生姜…15g
オリーブオイル…150g
ごま油…12g
醤油…65g
水…75g
酢…12g
砂糖…20g
塩…2g
ナンプラー…10g
胡椒…2g

[作り方]
1 水とねぎをミキサーにかける。
2 ねぎが細かくなったら、他の材料を加えてまわして混ぜる。

▶ブリの中華風刺身サラダ仕立て翡翠ソース P.82

椒麻ソース

[材料] 仕込み量
青ねぎ……50g
生姜（すりおろし）…30g
醤油…135g
砂糖…35g
酢…65g
ごま油…5g
山椒粉…3g

[作り方]
1 青ねぎはみじん切りにする。
2 他の材料と1を合わせて、よく混ぜ合わせる。

▶ピータンと豆腐のサラダ山椒ソース P.84

香草野菜ソース

[材料] 仕込み量
イタリアンドレッシング…500g
パン粉…100g
パプリカ…少々
エシャロット…少々
ラー油…少々

[作り方]
材料をミキサーでよく混ぜ合わせる。

▶タイラギ貝と大根のビーツサラダ つ.86

スイートチリソース

[材料] 仕込み量
スイートチリソース…100g
レモン汁…30g
上白糖…10g
揚げにんにく…5g
パクチー…5g

[作り方]
1 パクチーはみじん切りにする。
2 他の材料と1をよく混ぜ合わせる。

▶大海老とアボカドの生春巻き P.88

人気のサラダソース・ドレッシング

海鮮醤油ソース

[材料] 仕込み量
醤油…600g
ナンプラー…90g
水…1800g
上白糖…50g
ごま油…5g

[作り方]
材料をよく混ぜ合わせる。

▶アグー豚バラ肉と温野菜の蒸篭蒸し 海鮮醤油ソース P.92

豆乳ごまソース

[材料] 仕込み量
豆乳…800g
ねりごま…500g
醤油…400g
ごま油…60g
ラー油…60g
酢…180g
砂糖…240g
レモン汁…40g
マスタード…25g
生姜(すりおろし)…20g

[作り方]
1 豆乳以外の材料をミキサーでまわす。
2 混ざったら、豆乳を少しずつ加えていきながら、混ぜ合わせる。

▶牛しゃぶ肉と夏野菜のサラダ 冷麺豆乳胡麻ソース P.94

バジルオイル

[材料] 作りやすい分量
バジルの葉…50g
EXV. オリーブオイル…100㎖

[作り方]
ミキサーに材料をすべて入れて撹拌する。

▶丸ごとトマトのカプレーゼ P.99

レモンマリネ・ドレッシング

[材料] 作りやすい分量
レモン汁…30㎖
EXV. オリーブオイル 20㎖
醤油…小さじ1
グラニュー糖… 大さじ1
白ワインビネガー…20㎖
塩、黒胡椒… 少々

[作り方]
材料を合わせて泡立て器でよく混ぜる。

▶クレソン&シトラスサラダ P.101

人気のサラダソース・ドレッシング

ハニーマスタードドレッシング

[材料] 作りやすい分量
マスタード…大さじ3
はちみつ…大さじ2
醤油…小さじ1
EXV. オリーブオイル…30㎖
塩、黒胡椒…各少々

[作り方]
材料を合わせて、とろりと乳化するまでよく混ぜる。

▶さくらんぼと香味野菜と大麦のチョップサラダ P.105

香味入り甘酢ドレッシング

[材料] 作りやすい分量
醤油…大さじ2
酢…大さじ3
三温糖…大さじ5
赤唐辛子…2本

[作り方]
フライパンにすべての材料を合わせて火にかけ、砂糖が溶ければOK。

▶根菜の香味サラダ P.109

シーザードレッシング

[材料] 作りやすい分量
パルメザンチーズ パウダー
　…40g
マスタード…10g
ウスターソース…少々
アンチョビペースト…10g
チリパウダー…少々
にんにくのすりおろし…2片分
レモン汁…大さじ1
EXV. オリーブオイル…120g

[作り方]
すべての材料を合わせ、とろりとするまでよく混ぜる。

▶和風シーザーサラダ P.111

白和え衣

[材料] 作りやすい分量
木綿豆腐…1丁
カッテージチーズ
　…水気をきった豆腐の半分
A ┃白だし（濃縮タイプ）※
　┃　…大さじ3
　┃三温糖…大さじ5
　┃白ごまペースト…大さじ3
　┃醤油…小さじ1

[作り方]
半分程度になるまでしっかり水気をきった豆腐にAの材料を混ぜ合わせ、カッテージチーズを加えて全体をよく混ぜる。
※白だしは、製品によって濃度が違うので、必要に応じて分量を加減する。

▶ブロッコリーとカリフラワーの白和えサラダ P.113

創作サラダ料理

※料理の値段は2016年8月現在のものです。

お漬物感覚で食べる 和洋折衷ピクルス

01 SALAD　和野菜のピクルス盛り

| 480円（税抜） |

ごぼうや山芋、れんこん、おくら、みょうがなど季節の根菜や和野菜を約10種類使用した、彩りのよいピクルス盛り合わせ。世田谷産の新鮮な地場野菜を積極的に取り入れ、"ご当地感"も盛り込む。ワインビネガーやローリエなどを使ったピクルス液は洋風ながら、軽く湯通しした野菜を浅漬けの状態で提供することで、さっぱりとお漬物感覚で食べられる一品に。

東京・三軒茶屋『いざかや ほしぐみ』　作り方は P.173

野菜サラダ・シーザーサラダ

ワインと注文したいイタリアン風メニュー

02 SALAD　イタリアンモロキュー　|400円（税抜）|

シンプルな「もろきゅう」を、イタリアンテイストで創作メニューに仕上げた。味噌の代わりに、イタリア素材のアンチョビペーストを使い、その塩けできゅうりを楽しませる。アンチョビだけでは塩けが尖っているため、弱火で痛めて甘みを引き出した玉ねぎを加えて味を調整する。きゅうりも縞目にむいて、ひと手間かけた一品に仕上げる。

千葉・市原
『炭焼隠家だいにんぐ いぶしぎん』　作り方は P.173

玉ねぎの風味が凝縮されたドレッシングが決め手

03 SALAD

フルーツトマトと生モッツァレラのサラダ
自家製タマネギドレッシングで　|780円（税込）|

クセのないマイルドな口当たりの生モッツァレラチーズと、糖度8度を上回る甘みの強いフルーツトマトを贅沢に使用したサラダ。サニーレタスとトレビスも合わせて豪快に盛り付けた。ドレッシングは玉ねぎを弱火で丁寧に煮詰め、甘さの中にも酸味を利かせた自家製のもの。仕上げには、細かく刻んだ生玉ねぎを散らして食感のアクセントに。

大阪・梅田 『達屋　阪急梅田店』　作り方は P.173

04 SALAD 有機にんじんのサラダ | 648円(税込) |

最初は注文が少なかったが、継続するうちに一度食べてリピーターになるお客が多くなり、いまや店で一番の人気メニューへと成長。醤油を隠し味に使うマリネ液に一晩漬けたリボン状の人参は、しっとりとして甘みも豊か。人参のカラフルな色を生かし、さらにトマトを添えれば、鮮やかな一品が完成する。

埼玉・所沢『イザカヤ TOMBO』　作り方は P.173

リボン状の人参が
食べやすく好評

野菜サラダ・シーザーサラダ

洋風ソースで提供する インパクト大のきんぴら

05 SALAD 蓮根のわさび金平 | 500円（税込） |

立体感のある盛り付けが目をひくれんこんのきんぴら。薄口醤油や砂糖、白だしで炊いたれんこんに、バジルとすりおろしたワサビを合わせたオリーブオイルソースを和えることで、洋風のアレンジを加えている。ヤングコーンやマイクロトマトなど、付け合わせの季節野菜もセンスよく盛り付け、見た目でも楽しめるよう工夫している。

神戸・三宮
『Vegetable Dining　畑舎』　作り方は P.174

ごぼうの旨みが感じられる 手に取りやすいおつまみ

06 SALAD ゴボウの焼きスティック | 590円（税込） |

カリカリとした歯切れの良さと香ばしさが後を引くスティック野菜。軸の太いごぼう1本を皮付きのまま細長いスティック状に切り分け、だし、酢、砂糖、醤油の煮汁の味を芯まで含ませる。その後、煎りごまをまぶしながら鉄板で焼く際は、油を多めにすることで揚げたときのようなコクのある香ばしさに。ごぼうの皮をそのまま活かすことで、旨みを楽しめる一品に。

福岡・天神　『鉄板焼き　プランチャ』　作り方は P.174

器づかいを個性にした女性向けサラダ

07 SALAD "raku" -dutch-oven- 〜野菜を蒸し焼きにした、あったかサラダ〜

キャベーコン　バーニャソース	600円（税抜）
キノコのガーリックオイル	650円（税抜）
ベイクドハーブトマト	650円（税抜）

様々な料理で使う小型ダッチオーブンを、サラダに使用することで個性化を図った一品。温かさが持続する点も評判となっている。写真手前の「キノコのガーリックオイル」は、様々なキノコ類をガーリックオイルとバーニャカウダソースで調理し、旨みを引き出す。左の「キャベコーン　バーニャソース」は、キャベツにベーコンを合わせることで生まれる美味しさを、バーニャカウダソースで味わうサラダ。右の「ベイクドハーブトマト」は、冷たいままでも美味しいトマトとバジルを、焼くことで新たな魅力を追求した。

東京・新宿　『関西酒場　らくだば』

作り方は P.174

野菜サラダ・シーザーサラダ

08 SALAD 揚げもちのサラダ
~きなこドレッシング~
| **780円（税込）**

きな粉餅からヒントを得た創作サラダ。ブロッコリーやレタス、紅芯大根など、食感の異なる野菜を彩りよく盛り付け、ひと口サイズにカットした揚げたての餅をトッピング。オリジナルのきな粉ドレッシングは、きな粉に白だしや黒酢などを合わせ、ほんのりとした甘みと酸味を加えている。きな粉を使ったヘルシーなサラダとして、女性からの人気を獲得。

神戸・三宮
『Vegetable Dining 畑舎』　作り方は P.174

きな粉餅から着想を得た
女性人気のサラダ

09 SALAD リアルとんがりコーン
| **780円（税抜）**

オリーブオイルとチーズの香りを利かせたシンプルな野菜の直火焼きながら、市販の人気スナック菓子をアイデア源に考案されたユニークなネーミングでヒット。実際に菓子を組み合わせるという軽妙さでオリジナリティを演出している。ネーミングの期待を裏切らないクオリティで客席から笑みがこぼれ、「美味しい！」「楽しい！」と口コミで評判を集める一品だ。

東京・三軒茶屋
『いざかや　ほしぐみ』　作り方は P.175

楽しみながら食べられる
ヤングコーンのロースト

青菜のシャキシャキ感と香りを活かしたサラダ

10 SALAD パクチーとセルバチコのサラダ

| 1000円（税抜）|

パクチーとセルバチコ（ルッコラ）をこんもりと盛り付けたサラダ。ふたつの野菜が持つ独特の風味がマッチし、豊かな食感と香りを楽しむことができる。それぞれの青みある味わいを引き立てるため、あえて塩、こしょうなどは使わずに、特製ドレッシングを使用。自家製フレンチドレッシングにレモンとナンプラーを合わせることで野菜の風味を引き立てつつ、適度な酸味とコクを与えている。

東京・中目黒　『Tatsumi』　作り方は P.175

日替わり野菜を3つのソースで味わう

11 SALAD オーガニック野菜の盛り合わせ

| 1200円（税抜）|

長野県の契約農家から仕入れるオーガニック野菜を主に使用している同店で、9割以上のお客が注文するメニュー。当日届いた15～20種類の野菜を、バーニャカウダ、梅味噌、生姜ダレの3つのソースにつけて食す。野菜は日替わりで、アイスプラントやキンジソウなど、一般になじみのない野菜も含めながら新鮮さを演出、人気を博している。

東京・池袋　『新和食　到　Itaru』
作り方は P.175

12 SALAD 京つけもの ハリハリサラダ | 850円（税込） |

山盛りのボリュームが驚きを誘う、京都の食材を使った人気メニュー。京都名物の漬物を、水菜、大根の細切りと合わせ、上にせん切りにしたじゃが芋の素揚げをのせる。漬物のぽりぽりとした食感、野菜のシャキシャキした食感と、じゃが芋のサクサクとした食感の差も楽しめる。マヨネーズベースと醤油ベースの2種類のドレッシングを合わせがけすることも、おいしさのポイントとなっている。

京都・河原町三条 『京風創作料理　浜町』
作り方は P.175

13 SALAD 蒸し野菜のちょっとサラダ | 480円（税抜） |

定番メニューとして人気を誇る、目にも鮮やかな野菜の盛り合わせ。具材はアスパラ、桃かぶ、かぶ、ハナッコリー、スズカボチャ、きんり人参、プチトマトと、季節感や見た目のバランス、味の違いも工夫する。蒸し器で蒸しただけのシンプルな調理法で、野菜本来の甘みをしっかりと引き出す。珍しい品種の野菜は見た目にも楽しく、お客とスタッフのコミュニケーションの糸口にもなっている。

大阪・福島　『福島金魚』　作り方は P.176

京の漬物を使った楽しい食感が特徴のサラダ

野菜サラダ・シーザーサラダ

シンプルな調理法で野菜本来の甘みを引き出す

30種類以上の野菜＋魚介が入ったスペシャルな一皿

14 SALAD メリメロサラダ今彩風
今日の具材で | 1800円(税込) |

根菜から菜もの野菜、香辛菜、スプラウトまで、瑞々しい野菜を30種類以上も盛り合わせたサラダ。野菜ばかりと思いきや、食べ進めると、中からは歯ごたえのある北海ダコのボイル、カルパッチョ仕立てにしたサバやアイナメの魚介が味のアクセントとなって現れる楽しい仕掛けを工夫。油っぽさや酸味の強さを感じさせない自家製フレンチドレッシングで全体をまとめ、パルメザンチーズ、ローストした松の実をふりかけ風味の良さを出した。

東京・神楽坂
『French Japanese Cuisine 今彩 Konsai』
作り方は P.176

スピード提供可能な味わい深いピクルス風

15 SALAD モロッコ風
胡瓜と大根 | 350円(税込) |

スパイスの芳香や苦み、ごまの風味を生かして、エスニック味のピクルス風に。あらかじめ仕込んでおき、スピードメニューとして提供する。ソースに加えるにんにく、クミン、ターメリックは、一度加熱することで風味をアップ。野菜は仕入れによって変わり、かぶや人参を使うことも。

東京・笹塚
『Wine 食堂 久（Qyu）』 作り方は P.176

豊富な具材をシンプルに使用 ユニークなドレッシングも

野菜サラダ・シーザーサラダ

30品目位のSALAD
| 820円（税抜）|

料理自体はシンプルだが、"お客を驚かせて喜ばせる"という魅力をプラス。「30品目位」として、常時28〜31品目の野菜を使用。ヒジキや切干し大根など、通常はサラダに使わない食材も加える。3種類から選ばせるドレッシングもユニークで、オニオンドレッシングは「こがしすぎ」、シーザードレッシングは「チーズたっぷり」、残り1種類も「『謎の……』まかないドレッシング」と称し、その日にならなければわからない内容としている。

東京・吉祥寺　『「飲み屋祥寺」の店の下　DEN's café』

作り方は P.176

野菜の素揚げをトッピングし食感をプラス！

揚げたてごぼうと豆富のパリパリサラダ
胡麻ドレッシング　| 626円（税込）|

生野菜や豆腐だけでは食感や食べごたえに欠けるため、細切りにして素揚げしたごぼうとじゃが芋をトッピングし、パリパリとした食感をプラスした。サラダでもコクやボリュームがあることから、特に若者客に好評。野菜はあらかじめごまドレッシングで和えておき、数人で食べ分けたときにおいしく食べられるよう配慮している。

東京・池袋　『魚・地どり・豆ふ　伝兵衛　池袋店』

作り方は P.177

3種のチーズがたっぷり！
チーズが主役のサラダ

18 SALAD チーズ屋のシーザーサラダ
| 1200円（税込）|

使用する野菜は高原レタスのみ。同店製の生チーズと特製硬質チーズを合わせ、カリカリに焼いたホエー豚のハムと温泉玉子、クルトンと和える。テーブルの上で仕上げにすりおろす自家製「山のチーズ」は、野菜が隠れるほどたっぷりと。ドレッシングは卵黄とバルサミコ酢、オリーブオイル、ピクルス、ケッパーを合わせたコクのあるタイプを使用している。

東京・南青山　『アトリエ・ド・フロマージュ　南青山店』
作り方は P.177

19 SALAD 自然薯のシーザーサラダ
| 980円（税込）|

にんにくと唐辛子の風味が利いたアーリオオーリオソースをベースに、和だしや生クリーム、モッツァレラチーズなどを合わせて火にかけ、自然薯を加えて仕上げたクリーミーなソースをドレッシングに。自然薯のとろみで野菜との絡みがよくなるだけでなく、ふわっとした食感に仕上がるため、通常のドレッシングよりも後味が軽く、野菜のおいしさがより一層引き立つ。

東京・中目黒　『楽喜DINER』　作り方は P.177

斬新なソースで新しいサラダが誕生

個性的な具材で注目度の高いサラダに

20 SALAD 弘前野菜と釜揚げしらすのシーザーサラダ
| 800円(税込) |

その時期に入荷する弘前産の新鮮野菜を盛り合わせ、釜揚げシラスをたっぷりトッピング。アンチョビ風味のドレッシングやパルメザンチーズ、黒こしょうなどで、シーザーサラダスタイルに仕上げた。シラスの塩けが、ほどよいアクセントになっている。クルトンの代わりとして、油で揚げてしっかり食感を出した南部せんべいを添える。

東京・新橋　『現代青森料理とワインのお店 Bois Vert』
作り方は P.178

21 SALAD 権太郎サラダ
シーザードレッシング　| 530円(税込) |

シーザーサラダにトルティーヤを加えた一品だが、ユニークなのが、それをサラダにちらすのではなく、容器に仕立てたこと。トルティーヤを油で皿状に揚げ、それをそのまま器にしてサラダを盛り付ける。トルティーヤを崩してサラダと一緒に食べれば、パリパリと食感がアップ。また、ドレッシングが染みてやわらかくなった状態も食感が変わり、別の味わいが楽しめる。

東京・中目黒　『やんちゃ権太郎　お初天神店』
作り方は P.178

野菜サラダ・シーザーサラダ

変わる食感が新鮮！器まで食べられるサラダ

ウナギと白菜の対比が新鮮！ちょっとリッチな一皿

SALAD 22
鰻と白菜のサラダ、ガーリック風味 | 1600円（税込）

これまではサラダに用いることが少なかった白菜を使い、さらにウナギのかば焼きと組み合わせたユニークなサラダ。ウナギのトロッとした食感と、白菜のシャキシャキ感との食感の対比が、意外な楽しさを醸し出す。お酒との相性もぴったりだ。濃厚なウナギの蒲焼と淡白な白菜の味わいをまとめるのがドレッシングで、揚げたにんにくを合わせたインパクトの高いものを使用することにより一体感を高めた。細長く大きな器に盛り付け、豪華さも演出。

東京・四谷『四谷YAMAZAKI』　作り方は P.178

23 SALAD 棒棒野菜アンチョビディップ | 680円（税抜）|

穴の開いた特注の器に、野菜スティックを1本ずつ差し込んだ盛り付けがユニーク。肉料理の多い同店で、舌を休める料理として創作した一品。イタリア料理のバーニャカウダから発想した、アンチョビとにんにくで作るねっとりとしたディップをつけて食べる。ポイントはにんにくの下処理。そのままではえぐみが残ってしまうので、風味を残しつつえぐみを除去するために、3回ゆでこぼしてから使う。野菜類は、夏にはパプリカなども用いる。

東京・八丁堀
『ROBATA 美酒食堂 炉とマタギ』　作り方は P.178

盛り付けもユニークな ディップで楽しむ新鮮野菜

24 SALAD エビマヨとアボカドのサラダ レッドキャビア添え | 530円（税込）|

女性に人気の「エビマヨ」がメインの料理という名前から来るイメージを覆す、印象的な見た目のヘルシーな一品。色彩的に単調な「エビマヨ」よりも、野菜とエディブルフラワーをメインにして、華やかさとヘルシーさを演出。さらにネットライスペーパーを帽子のように揚げて添えるなど、遊び心も光る。これを崩して食べることでサクサク感が出て、食感のアクセントにもなる。トマトにんにく風味ドレッシングをかけて食べる。

大阪・福島『遊食酒家 る主水 福島店』　作り方は P.179

遊び心も光る華やかなサラダ

シーフードサラダ

ヘルシー感のあるサラダを
コラーゲンでさらにイメージUP！

25 SALAD
ツナとオニオンの コラーゲンサラダ ｜880円（税抜）｜

コラーゲンとたっぷりの野菜を盛り合わせた、女性客に大評判のサラダ。コラーゲンは細い帯状にして、野菜と和えやすくし、ツナと自家製ごまドレッシングで旨みとコクを加えた。コラーゲンは低カロリーなので、ダイエット中のお客にもおすすめ。コリコリッとした食感で、ボリュームたっぷりでも食べ応えがある。

東京・下北沢　『ととしぐれ　下北沢店』
作り方は P.179

26 SALAD
あじとのキムラ君 ｜680円（税込）｜

「キムラ君」とは、キムチとラー油を食材に取り入れた大阪発のご当地料理。同店では、炭で炙った豚肉、スルメのキムチ、自家製の食べるラー油、大葉、ごまの葉などをライスペーパーで巻き、サラダ仕立てのサムギョプサル風にアレンジしている。シャキシャキとした歯応えと、ピリ辛の味付けが見事にマッチ。

大阪・なんば　『DINING あじと』　作り方は P.179

大阪で話題の「キムラ君」を
サラダ料理で

27 SALAD カニとアボカドのタルタルサラダ
880円(税込)

魚介類と相性のよいアボカドをカニと組み合わせた、ちょっと豪華なサラダ。洋の要素を取り入れて彩り豊かに盛り付けることで、女性に人気を博している。カニのほぐし身とアボカド、しば漬けやシソの実を加えた食感も楽しいさっぱりした味わいのタルタルサラダを、クラッカーにのせたり、野菜にかけたりして、ディップ風に楽しんでもらう。

東京・石神井公園 『三ッ☆居酒屋 喰酔たけし』

作り方は P.179

シーフードサラダ

カニを使用した
リッチな一皿

イタリアンとエスニックの
コラボレーションサラダ

28 SALAD　ブロッコリーと桜海老の ペペロンチーノ パクチーのせ　| 880円（税込） |

茹でたブロッコリーにオリーブやにんにく、アンチョビ、ローズマリーをコンフィにしたもの、干し桜エビ、パクチーなどを加え、イタリアンとエスニックを融合させた味わいに。エビの強い旨みも、にんにくの香りとともにブロッコリーにしっかりと絡ませ、シンプルな味に奥行きを出している。

東京・笹塚『Wine 食堂 久（Qyu）』　作り方は **P.179**

29 SALAD　鰯のソテーのニース風 サラダ仕立て　| 530円（税込） |

たっぷりの野菜サラダに、丸ごと1尾分のイワシをのせた豪快なサラダ。塩焼きしたイワシは身をほぐして野菜と混ぜたり、主菜として楽しみつつサラダを付け合わせにしたりと、自在に食べてもらう。野菜を和える自家製ドレッシングにはオレンジの皮を加え、柑橘の爽やかな風味で青魚の臭みを抑える工夫も。

東京・笹塚『Wine 食堂 久（Qyu）』　作り方は **P.180**

柑橘香るドレッシングが
爽やかさを演出

30 SALAD あおりいかと季節野菜のサラダ仕立て キウイフルーツドレッシング

1100円(税抜)

アオリイカとフレッシュな10種類以上の野菜に、キウイフルーツベースのフルーティーなドレッシングをかけて味をまとめ、彩りにイクラを散らしたシーフードサラダ。イカは表面を炙って香ばしさをプラスし、オリーブオイルでマリネして柔らかくする。レタスやパプリカなどは生で、ブロッコリーやさやいんげんなどは茹でて、自家製のドレッシングで和えておく。

東京・神泉　『うみとはたけ　ぽつらぽつら』　作り方はP.180

シーフードサラダ

フルーティーさを加えた鮮やかなシーフードサラダ

ドレッシング代わりの
シャーベットが新鮮

31
SALAD

鮮魚のカルパッチョと梅干シャーベットの冷たいサラダ | 880円(税込)

6～10月にかけての人気メニュー。鮮魚(写真はブリ)をサラダに立てかけるように盛り、上から梅干を使ったシャーベットをドレッシング代わりにのせる。梅干のシャーベットには昆布や砂糖を使っているので、さっぱりとした中に旨みやコクがある。シャーベットは、容器に入れて固めた氷状のものを、スプーンなどでオーダーごとに掻き出している。

神戸・三宮　『雪月風花』　作り方は P.180

パクチー好きにはたまらない
夏向きの旨辛サラダ

32
SALAD

活タコと、パクチーの香草爆弾！タイ風サラダ | 880円(税抜)

「パクチーの香草爆弾！」というネーミングの通り、山盛りになったパクチーのインパクト感が話題のサラダ。独特な香味のあるパクチーと辛味と酸味のあるドレッシングがやみつきになる美味しさだ。ドレッシングは干しエビでコクを、スダチ果汁で爽やかさをプラス。夏場の旨辛メニューとして開発したが年間を通して人気を集めている。

東京・自由が丘
『自由が丘　直出しワインセラー事業部』
『地下のワインセラー事業部』
作り方は P.180

素材の味を引き立てる
特製の馬肉味噌がポイント

肉サラダ

 33 SALAD 有機野菜とたてがみ
自家製馬肉味噌添え　| 820円（税抜） |

クリーミーな脂が特徴の馬のたてがみを湯引きし、彩りの美しい生野菜とともに華やかに盛り合わせた一品。季節により自社農園で採れる無農薬野菜を使うこともあり、冬季は鎌倉の契約農家から取り寄せる野菜を中心に使用。メニューの核となるのは、味噌や豆板醤などの調味料で馬の挽き肉を煮込んだコクのある馬肉味噌。何にでも合う万能の味に仕上げている。

神奈川・川崎　『馬肉料理と蒸し野菜　型無夢荘』　作り方は P.181

34 SALAD ふたえごとグレープフルーツのカル馬ッチョ

| 780円(税抜) |

歯ごたえがありつつも舌にとろける食感の「ふたえご」は、馬のあばら部分の三枚肉にあたる貴重な部位。ピンク色が美しいこのふたえごを贅沢に使い、グレープフルーツやパルミジャーノチーズを合わせて彩りのよいサラダ仕立てのカルパッチョに。ドレッシングは塩、オリーブオイル、生搾りの柚子果汁のみとごくシンプルにとどめ、素材を引き立てる。

神奈川・川崎 『馬肉料理と蒸し野菜 型無夢荘』

作り方は P.181

とろける食感の馬刺しを彩り美しいサラダ仕立てに

3種の燻製と瑞々しい野菜がマッチ

肉サラダ

35 SALAD kamon自家製くん製サラダ | 900円(税抜) |

豊富な燻製料理の中でも一番人気のメニュー。鴨とホタテは、クルミとナラのブレンドチップ、チーズはさくらチップで燻製。素材に合わせてチップを変えるだけでなく、燻製時間も調整し、最適な仕上がりを吟味している。スモーキーな3種の燻製に合わせるのは瑞々しい野菜。特に甘くてさっぱり感もあるフルーツトマトが燻製と好相性だ。

京都・河原町 『kamon』 作り方は P.181

36 SALAD 鶏レバーとベーコン、キノコの温製サラダ | 780円(税込) |

内臓系を得意とする肉屋から仕入れる新鮮な鶏レバーを「温製サラダ」に。女性客からも高い人気を誇る一品だ。鶏レバーは徹底した下処理で臭みのない味わいに仕立てるだけでなく、野菜、ベーコン、しめじとともに食べてもらう事で、食べやすく工夫している。味付けには、フレンチドレッシングや赤ワインビネガーを使用。さっぱりした味わいで、葉野菜との相性もよい。

東京・新橋 『モツビストロ 麦房家』 作り方は P.181

野菜、キノコ、ベーコンで鶏レバーがすすむ！

口の中に入れると驚きが!
インパクト大のしゃぶしゃぶサラダ

37 SALAD 淡雪つもる豚の ハリハリサラダ | 980円(税込) |

水菜のサラダの上に、豆腐がのっているのかと食べてみてびっくり! 上にのった白いものは、麺つゆ風味のメレンゲで、このメレンゲをドレッシング代わりに食べるユニークなサラダなのだ。豚しゃぶを使ったサラダは多いので、そうしたメニューとの差別化を念頭に創作した一品。あえて「ムース」ではなく「淡雪」と和風に命名することで、お客の好奇心に訴えた。見た目のインパクトも強く、食感も面白いと、同店の名物になっている。

大阪・福島 『遊食酒家 る主水 福島店』 作り方は P.182

38 SALAD 桜島どり蒸し鶏のパリパリチョレギサラダ
| 800円(税抜) |

同店は鶏と野菜をメインに扱うことから、サラダに鳥の巣をイメージした盛り付けで遊び心を加え、食感も楽しませる。サニーレタスや水菜、トレビスなどをちぎった野菜を覆うように全面に揚げそばをのせ、その中央にひな鳥に見立てた鹿児島県産桜島どりの蒸し鶏を盛り付け。食べる時は揚げそばを崩して混ぜて味わうことから、パリパリとした食感と香ばしさも味わいのアクセントになっている。

東京・新橋 『鶏菜 三宮店』 作り方は P.182

39 SALAD 自然薯の生ハムロール
| 1480円(税込) |

生の自然薯とすった自然薯、きゅうりを生ハムで巻き、オリーブオイルやハーブ塩でイタリアンテイストに仕上げた。生の自然薯のシャキシャキ感と、すった自然薯のモッチリ感の2種類の食感を楽しませる。仕上げに自然薯チップをあしらい、パリパリとした歯ざわりもアクセントに。生ハムは味のよいパルマ産のものを贅沢に使い、味わいに深みを出す。

東京・中目黒 『楽喜DINER』 作り方は P.182

遊び心の利いた盛り付け
パリパリ食感も楽しい

自然薯でイタリアン！
お洒落なオードブル風に

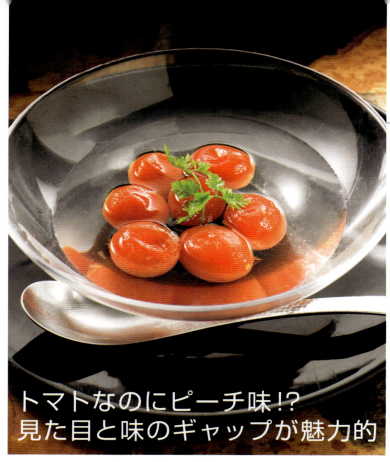

40 SALAD
DEN'S 特製完熟桃尻トマト
| 500円(税抜) |

「目を閉じて食べると桃」と勘違いしてもらいたいという、遊び心が楽しさを創造した前菜の一品。トマト自体に甘みを加えて、甘いトマトを作ろうという発想から創作した料理。その甘みも上品な香りと伴うものにしたいと、桃の香りを付けるためにピーチリキュールを利用した。ピーチリキュールとグラニュー糖で作った特製シロップを充分に浸透させるために、トマトは湯むきしてから蒸籠で蒸すという凝った調理法を施す。

東京・吉祥寺
『「呑み屋祥寺」の店の下 DEN'Scafé』
作り方は P.182

トマトなのにピーチ味!?
見た目と味のギャップが魅力的

41 SALAD
冷やしトマト南仏風
| 800円(税抜) |

居酒屋の「冷やしトマト」といえば、カットして塩を振ったトマトがお馴染みだが、同店ではフレンチの技術を活かしておしゃれに仕上げた。にんにく、エシャロットのみじん切りと醤油、バルサミコ酢、オリーブオイルを、カットしたトマトにかけている。これはオーナーが南フランスでの修行中、まかないで食べていた料理のアレンジで、ディル、エストラゴンなど数種のハーブをブレンドしたフィーヌ・ゼルブをちらし、個性と魅力を高めた。

東京・神楽坂
『季節料理　神楽坂　けん』
作り方は P.182

「冷やしトマト」が5種の香草とマッチお洒落な一皿に

万能に使えるソースが決め手

トマトサラダ

42 SALAD トマトとアボガドのサラダ 黒オリーブソース　　|480円(税抜)|

ワインのつまみや前菜としても出せるスピードメニューのサラダ。トマトとアボガドは半分ずつ使用し、食べやすいようにひと口大にカットする。黒オリーブとアンチョビ、ケッパーを合わせてミキサーにかけたソースは、粒々の食感と塩けがアクセントに。野菜との相性はもちろん、肉や魚に応用することも可能。

神戸・三宮　『沖縄鉄板バル　ミートチョッパー』　作り方は **P.183**

43 SALAD ガーネットトマトのコンポート | 480円（税抜） |

プチトマトよりひとまわり大きく、甘みの強いガーネットトマトの長所を最大限に生かした一品。トマトは湯むきした後、アルコールを飛ばした白ワインに漬け込んで使用する。白ワインは豊かな風味とクセが少ないのが特徴でフルーティーなトマトと好相性。後味がさっぱりしていることから、前菜としてはもちろん箸休めに注文するお客も多い。

大阪・福島　『福島金魚』　作り方は P.183

ガーネットトマトの甘みを白ワインが引き立てる

44 SALAD フルーツトマトの味噌漬け | 840円（税抜） |

高知産の甘みのあるフルーツトマトを使った定番メニュー。サラダやオードブルとして、最初に注文するお客が多い。トマト丸ごとを半日かけて味噌漬けにすることで、本来の旨みをより際立たせている。味噌は、塩分の強い仙台味噌と甘みのある白味噌を絶妙なバランスで配合。隠し味に天かすを加えてコクを出している。ひと口大に切って器に盛り付ける。

東京・神泉　『うみとはたけ　ぽつらぽつら』
作り方は　P.183

2種類の味噌で漬け、旨みを際立たせる！

発酵食品を組み合わせ
個性的な逸品に

トマトサラダ

SALAD

黒にんにくと
トマトのマリネ
桃ビネガーで

| 735円(税込) |

独自の手法で半年間熟成させて作られる、旨みの強い岡山産の黒にんにくに、味噌漬け豆腐の燻製や塩麹で漬ける三五八漬けなど、ひと工夫した発酵食材を組み合わせて個性化している。爽やかな酸味と甘みのある自家製の桃ビネガーや、甘みのあるミニトマト（アイコ）を組み合わせ、お洒落な盛り付けでも女性に好評。

東京・阿佐ヶ谷
『野菜食堂　はやしや』

作り方は P.183

桃とトマトのコラボが斬新！

高品位なトマトを丸ごとおひたしに！

46 SALAD　桃トマトとミントのマリネ
| 540円（税込） |

夏メニューとして考案し、好評を博してそのまま定番入りした一品。トマトを過熱したピーチリキュールや桃の果汁に漬けて冷まし、中までゆっくりと桃の香りを浸透させる。逆に漬け汁にはトマトの酸味が加わり、相乗効果でフルーティーな極上の味わいに。ミントとともに食べると爽快さがプラスされる。

埼玉・所沢　『イザカヤ TOMBO』
作り方は　P.183

47 SALAD　桃太郎トマトのおひたし ～クリームチーズのせ～
| 500円（税込） |

だしのおいしさが自慢の同店の人気メニュー。主役となるトマトは甘みと酸味のバランスがよい「桃太郎トマト」を使用。調理の際に火は加えず、一番だしに湯むきしたトマトを一晩漬け込み、形を崩さずに提供。器に張っただしとともにトマトのおひたしを楽しませる。最後にクリームチーズをトッピングすることで、クリーミーな味わいをプラスする。

神戸・三宮　『Vegetable Dining　畑舎』
作り方は　P.184

とことん玉ねぎ！様々な食感も楽しい

トマトサラダ

 48 SALAD **トマトサラダ** | 300円(税抜) |

「ねぎ系が大好き」という店主の好みが反映された、シンプルながら後を引く味わいの一品。厚切りのトマトに、紫玉ねぎと玉ねぎのみじん切りをのせ、上からフライドオニオンをたっぷりと。さらに"ねぎ胡麻ドレッシング"で味付けし、これでもかと玉ねぎの風味を強調。カリカリ、シャキシャキと様々な食感が楽しい。

東京・明大前『魚酎 UON-CHU』　作り方は P.184

甘さにびっくり まさにフルーツ感覚

 49 SALAD **冷やし「桃」トマト** | 480円(税抜) |

冷やしトマトだが、味わいは「桃」。初めて食べた人は誰もが驚く、話題性の高いメニュー。フルーツトマトのように、甘みを引き出したトマトを手軽に味わってほしい、との思いから考案したもので、桃の風味は、トマトに注ぐシロップにアルコールを飛ばした桃のリキュールを加えて付ける。やさしい甘さがあることから、サラダとしてもデザートとしても楽しめる。

千葉・市原　『炭焼隠家だいにんぐ いぶしぎん』
作り方は P.184

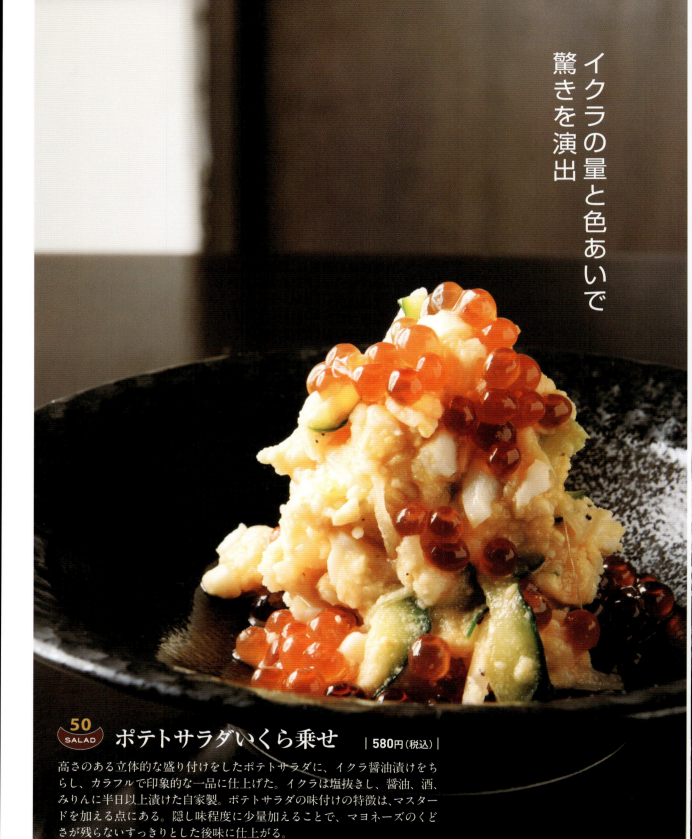

イクラの量と色あいで驚きを演出

50 SALAD ポテトサラダいくら乗せ　|　580円（税込）

高さのある立体的な盛り付けをしたポテトサラダに、イクラ醤油漬けをちらし、カラフルで印象的な一品に仕上げた。イクラは塩抜きし、醤油、酒、みりんに半日以上漬けた自家製。ポテトサラダの味付けの特徴は、マスタードを加える点にある。隠し味程度に少量加えることで、マヨネーズのくどさが残らないすっきりとした後味に仕上がる。

東京・八丁堀
『もつ鍋　割烹　鶏しおそば　竹井幸彦　八丁堀茅場町店』

作り方は P.184

ポテトサラダ

辛みや食感がフックとなり舌の記憶に残る一品

 肉味噌ポテトサラダ
| 680円(税込) |

さまざまなアレンジを加えることで、メニューの中でも登場回数が多いポテトサラダ。ふわりとしたポテトの中に食感を加えるようにしている、と店主。この「肉味噌ポテトサラダ」は挽き肉のそぼろに甘辛味噌を合わせ、薄切りきゅうりの食感とともにより印象的な味わいに。自家製ラー油を添えるほか、焼き海苔に巻く食べ方も提案する。

東京・自由が丘　『ヒラクヤ』　作り方は P.185

 燻製卵ポテトサラダ
| 500円(税込) |

ポテトサラダには男爵イモとインカのめざめを使用。前者は粗めにすりつぶし、後者はサイコロ状にカットすることで、味わいと食感の違いを工夫する。ポテトサラダの上に盛り付ける燻製の半熟卵は、お客が自由にそのまま食べても、つぶして混ぜてもよく、途中で味が変わる"一品で二度おいしい"魅力を楽しませる。

大阪・福島　『parlor184』　作り方は P.185

二種のポテトのマリアージュ

炙ったタラコ丸ごと一腹!
客席で混ぜて完成

53 SALAD 炙りたらこのポテサラ | 580円(税抜) |

見た目のインパクトが絶大の名物ポテサラ。「タラモサラダをより居酒屋風にできないか」と考案されたもので、注文ごとに焼き台でタラコを炙り、ポテトサラダの上に丸のままのせて客席に。「割とざっくり混ぜたほうがおいしいんですよ」などと説明しながらお客の前でタラコをほぐして完成させる。焦げ目がつくまでしっかり火を通したタラコのプチプチ感がおいしいと評判だ。

東京・明大前 『魚酎 UON-CHU』 作り方は P.185

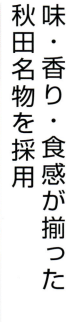

季節感で変わる
アダルトなポテサラ

54 SALAD　R-18指定 秋の大人のポテトサラダ ｜609円(税込)｜

"ポテト"の素材を変えることで、定番メニューに「季節感」を持ち込んだ独自の発想が光る一品。じゃが芋はインカのめざめを用い、サツマイモチップも加える。他の季節は男爵イモやキタアカリなど、その季節ならではのポテトを使用。みじん切りにしたいぶりがっこを加え、「小さな子供は好まない」との理由から"R－18指定" "大人の"と命名した。

東京・池袋　『パワースポット居酒屋　魚串　炙縁』
作り方は P.185

55 SALAD　パルミジャーノチーズといぶりがっこのポテトサラダ ｜680円(税込)｜

秋田県のいぶり漬けとして知られる「いぶりがっこ」は、大根などを燻製にして米麹と塩で漬け込んだたくあん。同店で秋田の郷土料理の一品によく利用していたいぶりがっこをポテトサラダに加え、パルミジャーノチーズでコクを出した。じゃが芋2kgにいぶりがっこ1本の割合で薄切りにして使用する。

東京・渋谷　『Dining Restaurant ENGAWA』
作り方は P.185

味・香り・食感が揃った
秋田名物を採用

56 SALAD つきだし | 380円（税込）

12種類以上の旬の野菜やフルーツを盛り込んだバーニャカウダを、最初の"お通し"に提供。店の印象を決める大事な一品として原価をしっかりかけ、器に植木鉢を用いて立体的にかわいらしく盛り付ける。クリームチーズをベースにした自家製のチーズディップも好評だ。野菜類は鮮度を保つため、注文ごとに切る。（写真は2人前）

東京・外神田 『ヤサイ・ワイン　オレンチ』

作り方は P.186

まず最初に提供する店の"顔"

クリーミー感満載！
店の看板メニュー

バーニャカウダ・カプレーゼ

57 SALAD 旬の野菜のバーニャカウダー

|1580円(税込)|

バーニャカウダを、女性の好きなクリーミー仕立てに。狙い通り、お客のほぼ全グループから注文が入るほどの人気メニューとなった。バーニャカウダの他にも、かぼちゃのクーリー（クリーム）、岩塩＋オリーブオイルを添えて提供。また野菜は一番おいしく食べられるよう、食材ごとに茹で時間を調整するひと手間も。

名古屋・西区 『Fine Dining TASTE-6』　作り方はP.186

蒸し上げた温野菜を
いろいろな味で

58 SALAD せいろ仕立ての バーニャカウダ | 1100円(税込)

せいろで野菜を蒸し上げて提供することによって見た目のインパクトを高めたバーニャカウダ。ソースの味付けにも特徴があり、生クリームを加えてまろやかさを出し、西京味噌を足すことでオリジナリティーを出している。提供時にはピンクソルト、抹茶塩を添え、好みで味を選ぶことができる。野菜は旬のものを中心に、彩りを考えて盛り付ける。

東京・恵比寿
『ark-PRIVATE LOUNGE/CAFÉ & DINING
(アーク プライベート ラウンジ)』

作り方は P.186

野菜がたくさん楽しめる
まろやかソースが決め手

バーニャカウダ・カプレーゼ

 59 SALAD 下町バーニャカウダ | 920円（税込）

立体的に盛り付けることにより、バーニャカウダを目をひく一品に仕上げた。旬の野菜を中心に用いることはもちろん、彩りに配慮して常に6、7種類を盛り込む。アンチョビソースには味に丸みを持たせるため、隠し味に豆乳を加えた。たくさんつけても口の中にくどさが残らないため、さまざまな食感の野菜を飽きることなく楽しめる。

東京・門前仲町 『炭火焼き＆ワイン　情熱屋』　作り方は **P.186**

八丁味噌を使用したオイルが決め手

60 SALAD
有機野菜のはいったバーニャカウダ風八丁味噌添え | 920円（税抜）

八丁味噌をバーニャカウダオイルに使うという、独創的なアイデアが光るサラダ。使う味噌は同店の特製合わせ味噌で、赤だしの八丁味噌と白味噌をブレンドしたもの。これを使ったバーニャカウダオイルとコンビを組むのが、季節の野菜と有機野菜の豊富な品揃え。有機野菜の姫人参と姫大根は洗って皮をつけたまま。きゅうりも季節によっては有機を使用する。味噌との相性を考え、和の野菜を演出。写真ではみょうがとはじかみを使った。

東京・虎ノ門　『la tarna di universo Comon』
作り方は P.186

甘みのあるソースで山形県産野菜を愉しむ

61 SALAD
山形のバーニャカウダあまぴちょクリーム | 1100円（税込）

新鮮な旬の野菜を、山形特産の味噌「あまぴちょ」をベースに生クリームやバターを加えたソースにつけながら、バーニャカウダ風に味わう。野菜は10種類前後を盛り合わせ、舟形マッシュルーム、ビタミン大根、赤大根など、何種類かは山形産を必ず加え、食感を損なわないよう氷の上にのせる。

東京・丸の内　『Yamagata バール Daedoko』
作り方は P.187

62 SALAD 彩り野菜のバーニャカウダ
～味噌クリーム仕立て～ | 680円（税抜）

季節の野菜をおいしく楽しく食べてもらおうと開発した、15～20種類の旬の国産野菜を盛り込んだバーニャカウダ。野菜の華やかな盛り付けも魅力に。ソースはひとひねりして、味噌やピーナツバターを加えた甘さのある和風のソースを開発し、食べ飽きないおいしさを工夫する。男女問わず好評で、お客の5割が注文する人気ぶりだ。（写真は2人前）

東京・中野 『肉食系ビストロ＆ワイン酒場　Tsui-teru！』
作り方は P.187

バーニャカウダ・カプレーゼ

半数のお客が注文する
華やかなバーニャカウダ

63 SALAD 彩り野菜の自然薯ヨーグルト和風カプレーゼ | 780円（税込）

自然薯と和だし、ヨーグルトを組み合わせた斬新なソースを根菜と取り合わせ、春巻きの皮で作った器に盛り付ける。見た目も味も独創的な前菜メニューだ。ソースのトロリとしたなめらかさと、根菜のホクホク感、春巻きのパリパリ感という3種類の食感が味わえる楽しさを表現した。プルプルとした独特の食感のソースは葉物野菜とも相性がよく、様々な野菜メニューにアレンジできる。

東京・中目黒　『楽喜DINER』　作り方はP.187

自然薯とヨーグルトで作るプルプルのソース

64 SALAD だしと青豆豆腐のカプレーゼ　|580円(税込)|

大豆の風味に富む青豆で作る豆腐と、トマトを盛り合わせて和風のカプレーゼに。薬味としてきゅうり、なす、おくら、みょうがを刻んで合わせた山形の郷土料理"だし"をのせるが、バジルペーストとポン酢という意外な組み合わせで調味し、独自性を出す。バジル、オリーブオイルでイタリアンテイストもプラス。

東京・丸の内　『Yamagata バール Daedoko』
作り方は P.187

65 SALAD 都筑産蕪とトマトのカプレーゼ　|480円(税抜)|

地元産の野菜を積極的に使い、地元意識と親しみやすさを高めたメニュー。地元産のかぶを使い、その白さからモッツァレラチーズに見立ててトマトと組み合わせたヘルシーな一品。使う野菜にかけて「カプレーゼ」としたメニュー名もユニークだ。さらに、横浜市は小松菜の出荷量が全国トップクラス。市内の主要な生産地が地元の都筑区であることから、ソースにもジェノバペーストのバジルの代わりに小松菜を使い、個性を高めた。

神奈川・都筑　『創作台任具 BAR　善』　作り方は P.188

バーニャカウダ・カプレーゼ

山形の"だし"に手を加えた独自性の高い薬味

洒落のきいた料理名も楽しい地元野菜で作る前菜

つけ麺感覚が新鮮!
麺によくからむ「タレ」も注目

66 SALAD　つけ麺サラダ　| 590円(税込) |

中華麺をサラダ感覚で味わう一品だが、その提供方法にアイデアが光る。中華麺と野菜を合わせ、その上からタレをかけて出すのが一般的だが、同店ではつけ麺のようにして食材とタレを別々にして提供。つけて食べてもよし、かけてもよし、とお客の好みで楽しめるのがポイントだ。タレはごまドレッシングに山芋とろろを加えることで、麺にからみやすくなるよう工夫している。

大阪・梅田　『やんちゃ権太郎　お初天神店』　作り方は P.188

67 SALAD

その他サラダ

野菜たっぷりの冷麺サラダ
~盛岡から愛を込めて~

| 800円（税抜）|

食事メニューである冷麺を、あえてサラダのカテゴリーで提供。定番化しがちなサラダの品揃えに変化をつけている。レタス、きゅうり、茹で玉子、ボイルした鶏肉などを盛り合わせつつ、麺の量は控えめに。野菜や食べ応えのある具を加え、取り分けても楽しめるつまみ感覚のメニューとしても注文を獲得する。スープは和風だしをベースにし、レモン、ねぎ、三つ葉なども加えることで、さっぱりとした食べやすさも工夫している。

愛知・刈谷
『創作和洋ダイニング OHANA』

作り方は P.188

"野菜を食べる冷麺"でサラダの品揃えにアクセントを

68 SALAD

森のきのこ納豆サラダ

| 850円（税込）|

きのこと納豆を使った低カロリーなサラダ。ごぼうも入って食物繊維も摂れるとあり、ほとんどの女性客が注文する。よく出る料理なので、キノコ類はあらかじめミックスした状態でストックしておく。やわらかいきのこ、歯触りのある揚げごぼうやクルトン、粘りのある納豆など、いろんな食感の違いを一皿で堪能できる。

福岡・白金 『博多フードパーク
納豆家粘ランド』

作り方は P.188

低カロリーで
食物繊維たっぷりの
ヘルシーサラダ

海苔を濃縮させた
エスプーマで
印象に残る演出を

69 SALAD モッツァレラとカラスミ、味玉のマリネサラダ 海苔のエスプーマ

| 800円(税抜)

ワインのおつまみや前菜としても出せるサラダ。モッツァレラチーズ、トマト、大葉などカプレーゼを意識した組み合わせに、ねっとりした黄身が楽しめる味付玉子と、アンチョビの代わりにカラスミを加えて個性化した。お客の目の前でかける海苔のエスプーマは、海苔の香りや旨味が凝縮され、口当たりよく全体をまとめてくれる。

東京・池袋　『新和食 到 itaru』　作り方は P.188

70 SALAD 白菜と塩昆布のサラダ

| 350円(税込) |

冬場は鍋に用いられることが多いことから、生食としてはあまり馴染みがない白菜を、甘みの強い紫白菜と組み合わせ、塩昆布で味付けしてサラダに仕立てた。甘みのある芯の部分を中心に使い、塩昆布をふったら適度にもみ込むことで、シャキシャキの口当たりは残しながらもあまり硬くならないようにする。仕上げにあっさりとした風味の太白ごま油をかけ、塩けがストレートに口に広がらないようコーティングする。

東京・東高円寺　『四季料理 天★(てんせい)』
作り方は P.189

白菜の歯応えと
塩昆布の塩加減で
つまみとしてもOK

その他サラダ

トコロテンをサラダに！新感覚の"酢の物サラダ"

71 SALAD わかめと心太のサラダ | 680円（税抜） |

さっぱりしたサラダが欲しいとの声に応えて開発した、酢の物感覚のサラダ。ちょうど夏場だったことからトコロテンに着目し、商品名もあえて「心太」と漢字表記にしてお客の興味をそそる工夫を。レタス、わかめ、トコロテン、みょうがを山型に盛り、トマトとおくらで彩りを添える。めんつゆにレモン汁を合わせた、柑橘系の酸味を利かせたタレをかける。

東京・板橋区
『中仙酒場 串屋さぶろく』　作り方は P.189

72 SALAD 豆腐とあおさ海苔のさっぱりサラダ 納豆梅ドレ | 980円（税込） |

10種類の野菜に豆腐、あおさ海苔、油揚げを加え、納豆ドレッシングを合わせた、ヘルシー志向のお客にピッタリのサラダ。ドレッシングは「梅納豆」がヒントとなり、梅干で酸味をプラスした。シーザーサラダと二分するほどの高リピート率を誇り、男女問わず人気が高い。

東京・自由が丘　『ヒラクヤ』　作り方は P.189

たっぷり野菜と豆製品でヘルシーさをアピール

〆さば生春巻き

| 1800円（税抜）|

今や居酒屋の定番メニューとなりつつある生春巻きだが、これを和風＆日本酒向きに創作。〆サバは、サバの味を活かすため浅めに酢で締め、レアな食感を残す。これを芯に、ごく細く切って歯触りをよくした人参、大根などの野菜を一緒に巻き、食感の対比を楽しませる。ピリ辛の自家製ダレは、練りごまでサバのコクと脂を引き立たせ、コチュジャンでサバの臭みを消し、青魚が苦手な人にも食べやすくした。

東京・神楽坂
『季節料理　神楽坂　けん』　作り方は P.189

〆サバ＋ピリ辛ごまだれで日本酒が進む生春巻きに

ねぎトロ生湯葉の春巻き

| 850円（税込）|

中高年層や女性に人気の高い、湯葉の活用から創作した一品。たたいたねぎトロと野菜を、生湯葉で春巻き風に包み込んだ酒の肴だ。野菜は彩りと食感の変化を考慮し、パプリカ、きゅうり、白髪ねぎとサニーレタスを使用。湯葉で巻き込む際に、濃厚なねぎトロの風味に合わせてマヨネーズ風味のスイートチリソースをかけているので、何もつけずそのまま食べられる。手を汚さず、そのままつまんで食べられる手軽さも、人気の一因だ。

東京・三鷹
『独創 Dining MACCA』
作り方は P.189

「ねぎトロ」を具に使った酒に合う一品

創作サラダ料理　作り方の解説

野菜サラダ・シーザーサラダ p126〜／シーフードサラダ p138〜

肉サラダ p145〜／トマトサラダ p150〜／ポテトサラダ p156〜

バーニャカウダ・カプレーゼ p160〜／その他サラダ p168〜

野菜サラダ・シーザーサラダ

和野菜のピクルス盛り

| P.126 |

東京・三軒茶屋『いざかや　ほしぐみ』

材料
季節の野菜（いんげん、ごぼう、れんこん、山芋、おくら、人参、みょうがなど）、ピクルス液（水、ワインビネガー、塩、砂糖、黒・白こしょう、ローリエ、ディル、にんにく、タカノツメ）

作り方
① いんげんやおくら、根菜類などは軽く熱湯で湯通しする。
② 材料を混ぜて沸かし、ピクルス液を漬ける。
③ ピクルス液に野菜を漬け込み、味が染みたら翌日から取り出して使用する。

イタリアンモロキュー

| P.127 |

千葉・市原『炭焼隠家だいにんぐ　いぶしぎん』

材料
きゅうり、玉ねぎ、にんにく、アンチョビフィレ、オリーブオイル

作り方
① 鍋にオリーブオイル、玉ねぎのみじん切りとにんにくを入れて弱火にかけ、ゆっくり炒める。
② 1時間ほど炒めたら、アンチョビフィレとアンチョビのオイルを加えて混ぜ、20分ほど炒めて仕上げる。
③ きゅうりを飾り切りして皿に盛り付け、冷やした②を別容器で添える。

フルーツトマトと生モッツァレラのサラダ
自家製タマねぎドレッシングで

| P.127 |

大阪・梅田『達屋　阪急梅田店』

材料
フルーツトマト、生モッツァレラチーズ、サニーレタス、トレビス、ベビーリーフ、玉ねぎ（トッピング用）、玉ねぎドレッシング（にんにく、玉ねぎ、砂糖、醤油、米酢、昆布）

作り方
① 玉ねぎドレッシングを作る。みじん切りのにんにくと5mm角にカットした玉ねぎをじっくりと炒めた後、砂糖、醤油、米酢を入れて煮込む。昆布を入れてひと晩寝かせたら完成。
② 皿に食べやすくちぎったサニーレタスをしき、全体の配色を考えながら、適当な大きさにカットしたフルーツトマトと生モッツァレラチーズをバランスよく盛りつける。トレビス、ベビーリーフ、みじん切りにした玉ねぎをのせ、①のドレッシングをかける。

有機にんじんのサラダ

| P.128 |

埼玉・所沢『イザカヤ　TOMBO』

材料
人参、トマト、マリネ液（玉ねぎ、ブラックオリーブ、パプリカ、にんにく、サラダ油、酢、醤油）、チャービル

作り方
① 玉ねぎ、ブラックオリーブ、パプリカ、にんにく、サラダ油、酢、醤油を合わせてミキサーにかける。
② 人参をピーラーでリボン状に削る。
③ ①に②をひと晩漬ける。
④ 皿に③を盛り付け、スライスしたトマトを添え、チャービルを飾る。

05 SALAD 蓮根のわさび金平

| P.129 |

神戸・三宮『Vegetable Dining 畑舎』

材料
れんこん、A（白だし、薄口醤油、砂糖、みりん）、ワサビソース（オリーブオイル、ワサビ、葉ワサビ、バジル）、ヤングコーン、マイクロトマト、アルファルファ

作り方
① 輪切りにしたれんこん、Aの材料を鍋に入れ、30分をほど炊く。
② オリーブオイル、すりおろしたワサビ、細かく刻んだ葉ワサビとバジルを合わせてワサビソースを作り。①に和える。
③ 皿に②を立体的に重ね、ひと口大に切ったヤングコーンとマイクロトマト、アルファルファを飾る。

06 SALAD ゴボウの焼きスティック

| P.129 |

福岡・天神『鉄板焼き プランチャ』

材料
ごぼう、煮汁（だし、酢、砂糖、醤油）、煎りごま

作り方
① ごぼうは汚れをよく落として水につけ、アクを抜き、皮付きのまま縦に棒状に切る。
② 鍋に煮汁の材料を合わせて煮立たせ、①のごぼうを入れてよく煮含める。
③ ごぼうの煮汁をよく切り、鉄板に多めの油をひいて揚げるような感じでカリカリに焼き、仕上げに煎りごまをまぶしつけて器に盛り付ける。

07 SALAD "raku"-dutch-oven-
～野菜を蒸し焼きにした、あったかサラダ～

| P.130 |

東京・新宿『関西酒場　らくだば』

＜キャベーコン　バーニャソース＞

材料
オリーブオイル、玉ねぎ、唐辛子、塩、こしょう、フライドガーリック、アンチョビソース、白醤油、キャベツ、ベーコン、白ワイン

作り方
① バーニャカウダソースを作る。オリーブオイルをしいた鍋で唐辛子スライスを入れて炒め、辛味を出したら、みじん切りの玉ねぎを入れて、玉ねぎに色がつくまで炒める。塩・こしょうで味を調えてから、オリーブオイルとフライドガーリックを入れ、火を落としてからアンチョビのソースと白醤油を加えて和える。
② 小型のダッチオーブンにオリーブオイルをしいて、ひと口大にカットしたキャベツ、細切りのベーコン、キャベツ、ベーコンの順で重ねる。
③ ②の上にバーニャカウダソースをかけ、その上から白ワインをかけて蓋をし、オーブンで蒸し焼きにする。

＜キノコのガーリックオイル＞

材料
しめじ、エリンギ、椎茸、えのき茸、ガーリックオイル（オリーブオイルにフライドガーリックを漬け込んだもの）、「キャベーコン　バーニャソース」で作ったバーニャソース、塩、ガーリックチップ

作り方
① しめじを半分にカットし、エリンギはスライスに。椎茸は石突を取り4分の1にカット。えのき茸は5cm程度の長さにカットしておく。
② 小型のダッチオーブンにガーリックオイルをしいて、①のキノコ類を入れ、軽く炒めたら、バーニャソースを入れて、軽く塩をしてからガーリックチップをのせ、オーブンで焼く。

＜ベイクドハーブトマト＞

材料
ガーリックオイル、プチトマト、塩、バジル、ガーリックチップ

作り方
① ダッチオーブンにガーリックオイルをひいて、へたを取ったプチトマトを敷きつめて塩をする。
② ①の上にちぎったバジルとガーリックチップをのせて、オーブンで焼く。

08 SALAD 揚げもちのサラダ
～きなこドレッシング～

| P.131 |

神戸・三宮『Vegetable Dining 畑舎』

材料
餅、ブロッコリー、レタス、紅芯大根、マッシュルーム、カツオ節、ポップライス、きなこドレッシング（白だし、砂糖、薄口醤油、きな粉、オリーブオイル、黒酢）

作り方

① 餅をひと口大に切り、油で揚げる。
② ブロッコリーは茹でてひと口大に切る。レタスは適当な大きさにちぎる。紅芯大根はイチョウ切りにする。マッシュルームは焼いて4等分に切る。
③ 皿に①と②を盛り付け、カツオ節とポップライスをちらす。
④ 材料を合わせてきな粉ドレッシングを作り、器に入れて③に添える。

SALAD 09 リアルとんがりコーン
| P.131 |

東京・三軒茶屋『いざかや　ほしぐみ』

材料
ヤングコーン（生）、EXVオリーブオイル、スナック菓子（とんがりコーン）、塩、こしょう、パルメザンチーズ、ドライパセリ

作り方
① ヤングコーンを串刺しにし、EXVオリーブオイルを絡め、きつね色に焦げ目がつくまで焼き台で炙る。
② 皿に市販のスナック菓子を敷き、焼きあがったヤングコーンをのせる。仕上げに塩、こしょう、パルメザンチーズ、ドライパセリをふりかける。

SALAD 10 パクチーとセルバチコのサラダ
| P.132 |

東京・中目黒『Tatsumi』

材料
パクチー、セルバチコ（ルッコラ）、ナンプラー、フレンチドレッシング、レモン果汁、クルミ

作り方
① パクチーとセルバチコを皿に盛る。
② ナンプラー、フレンチドレッシング、レモン果汁を合わせたドレッシングをかけ、炒ったクルミを散らす。

SALAD 11 オーガニック野菜の盛り合わせ
| P.132 |

東京・池袋『新和食　到　Itaru』

材料
旬野菜（小かぶ、わさび菜、サラダなす、金時草、五寸人参、はす芋、赤パプリカ、黄パプリカ、アイスプラント、おくら、きゅうり、白きゅうり、紅芯大根、チンゲン菜、とうもろこし・ホワイトショコラ、トマト、ミニキャロットなど）、バーニャカウダ（牛乳、にんにく、EXVオリーブオイル、アンチョビ）、梅味噌（梅肉、ゆかり、信州味噌、醤油、みりん、EXVオリーブオイル）、生姜ダレ（玉ねぎ、生姜、にんにく、醤油、酒、みりん、砂糖、白ごま）

作り方
① 旬野菜は食べやすいスティック状に切る。
② バーニャカウダを作る。にんにくを牛乳で柔らかくなるまで煮て、アンチョビとともにペースト状にし、オリーブオイルと合わせる。
③ 梅味噌を作る。叩いた梅肉にゆかり、味噌、醤油、みりんを合わせ、隠し味にオリーブオイルを混ぜる。
④ 生姜ダレを作る。ミキサーにソテーした玉ねぎ、生姜、にんにく、醤油、酒、みりん、砂糖を入れて攪拌し、ペースト状にする。これを鍋に移して1割程度の量になるまで煮詰め、冷やして白ごまを加える。
⑤ 器に①を彩りよく盛り付け、②、③、④を添えて提供する。②は専用の容器に入れ、客席で温める。

SALAD 12 京つけものハリハリサラダ
| P.133 |

京都・河原町三条『京風創作料理　浜町』

材料
しば漬け、野沢菜漬けたくあん、水菜、じゃが芋、マヨネーズベースドレッシング、醤油ベースドレッシング、刻み海苔

作り方
① しば漬け、野沢菜漬け、たくあんは、それぞれ細かく刻む。水菜はざく切りにし、大根は細切りにする。じゃが芋はスライスしてせん切りにして水にさらしておく。
② ①のじゃが芋は素揚げし、油をきる。①の残りの材料はボウルに入れ、醤油ベースドレッシングをかけて、ざっと混ぜる。
③ 器に山盛りに盛りつけ、②のじゃが芋の素揚げをのせ、刻み海苔をちらす。マヨネーズベースドレッシングをかける。

13 SALAD 蒸し野菜のちょっとサラダ

| P.133 |

大阪・福島『福島金魚』

材料
アスパラガス、桃かぶ、かぶ、ハナッコリー、スズカボチャ、きんり人参、プチトマト、オリーブオイル、塩、こしょう

作り方
①食べやすい大きさにカットしたアスパラガス、桃かぶ、かぶ、ハナッコリー、スズカボチャ、きんり人参、プチトマトを蒸し器で7分ほど蒸す。
②①を皿に盛り付けて、オリーブオイルと塩、こしょうをかける。

14 SALAD メリメロサラダ今彩風
今日の具材で

| P.134 |

東京・神楽坂
『French Japanese Cuisine 今彩 Konsai』

材料
根菜ミックス（紅芯大根、青芯大根、ヤーコン、かぶ、黒キャベツ、京人参、黒大根、マッシュルーム、ビーツ、天かぶ、レディース大根、紫人参）、北海ダコ、スルメイカの一夜干し、サバ、マリネ液（塩、砂糖、黒こしょう）、EXV オリーブオイル、アイナメ、葉もの野菜（そばの芽スプラウト、たんぽぽ、セルバチコ、赤じそ、青じそ、アイスプラント、ロロロッサ、ルッコラ、グリーンマスタード、レッドオーク、レッドピリ辛、カルボネーロ、マスタード、わさび菜、ターツァイ、レッドケール、バイオレットクイーン、デトロイト）、おくら、グラパラリーフ、りんご、洋なし、黄人参、紅しぐれ大根、フレンチドレッシング（玉ねぎ、エシャロット、にんにく、エストラゴン酢漬け、レモン汁、ヒマワリ油、ピーナッツ油、EXV オリーブオイル、ディジョンマスタード、赤ワインビネガー、白ワインビネガー、白ワイン、ノイリープラット、塩、こしょう、シェリービネガー）、エシャロット、塩昆布、パルメザンチーズ、クスクス、松の実

作り方
①根菜ミックスはそれぞれの野菜を細かく刻み、フレンチドレッシング、刻んだ塩昆布とエシャロットを混ぜ合わせ、冷蔵庫に入れておく。
②北海ダコは脚の部分を茹でて、そぎ切りにする。サバは塩、砂糖、黒こしょうで6時間ほどマリネし、水洗いしてから水気を拭き、オリーブオイルに漬けてからそぎ切りにする。アイナメとサバも同様にする。
③器に①の根菜ミックスを入れて、②とスルメイカの一夜干しを重ね、その上に葉もの野菜、おくら、グラパラリーフ、りんご、洋なし、黄人参、紅しぐれ大根を盛り重ね、フレンチドレッシングをかけ、パルメザンチーズ、蒸したクスクス、ローストして砕いた松の実をふりかける。

15 SALAD モロッコ風胡瓜と大根

| P.134 |

東京・笹塚『Wine食堂 久(Qyu)』

材料
きゅうり、大根、塩、にんにく、サラダ油、クミン、カイエンペッパー、ターメリック、すりごま

作り方
①きゅうりは暑さ1cm弱の輪切り、大根は暑さ1cm弱のイチョウ切りにし、合わせて塩もみする。
②フライパンににんにく、サラダ油を入れて火にかけ、クミン、カイエンペッパー、ターメリックを入れ、焦げないうちにすりごまを混ぜて火を止める。
③②が冷めたら①を入れ、混ぜ合わせて皿に盛りつける。

16 SALAD 30品目位の野菜SALAD

| P.135 |

東京・吉祥寺
『「飲み屋祥寺」の店の下　DEN's cafe』

材料
レタス、ベビーリーフ（ルッコラ、クレソンなど約6種類）、赤ピーマン、黄ピーマン、トマト、玉ねぎ、きゅうり、ミックスビーンズ（缶詰を使用。ひよこ豆など3種類）、とうもろこし（缶詰）、ブロッコリー、ヤングコーン、ワカメ、ヒジキ、切干し大根、醤油、みりん、砂糖、自家製「こがしすぎ」オニオンドレッシング、自家製「チーズたっぷり」ドレッシング、自家製「謎の……」まかないドレッシング

作り方
①サラダの基本となる野菜が、レタス、ベビーリーフ、縦に細切りした赤ピーマンと黄ピーマン、カットしたトマトと玉ねぎ、縦にスライスしたきゅうり、ミックスビーンズ、とうもろこし。ブロッコリーとヤングコーンは茹でる。ワカメは水で戻す。その他、その季節の旬の野菜を適宜使用する。春はアスパラガス、夏はゴーヤや谷中生姜、秋はかぼちゃやさつま芋など。
②ひじきと切干し大根は、それぞれ水で戻し、それぞれ別の鍋で醤油、みりん、砂糖を加えて薄味に煮る。
③大ぶりの器に①と②を彩りよく盛る。

④③にお客が希望したドレッシングを入れた器を添えて客に提供する。

<自家製「こがしすぎ」オニオンドレッシング>

材料
サラダ油、玉ねぎ、にんにく、黒こしょう、砂糖、醤油、酢、ラード、バルサミコ酢

作り方
①鍋にひいたサラダ油で、スライスした玉ねぎとにんにくをじっくり炒める。苦みが出ない程度に、黒くなるまで炒める。
②①を火からおろして、砂糖、こしょう、醤油、酢、少量のラードを加えて混ぜる。最後に隠し味としてバルサミコ酢を加える。

<自家製「チーズたっぷり」シーザードレッシング>

材料
サラダ油、ベーコン、にんにく、玉ねぎ、全卵、セパレートドレッシング(市販品)、マヨネーズ、黒こしょう、パルメザンチーズ

作り方
①鍋にひいたサラダ油で、細かく刻んだベーコンとスライスしたにんにく、みじん切りの玉ねぎをよく炒めて火からおろす。
②①をボールに移し、細かく刻んだゆで卵と市販のセパレートドレッシング、マヨネーズ、黒こしょう、パルメザンチーズを加えて混ぜる。

SALAD 17 揚げたてごぼうと豆富のパリパリサラダ
胡麻ドレッシング

| P.135 |

東京・池袋『魚・地どり・豆ふ　伝兵衛　池袋店』

材料
ごぼう、じゃが芋、揚げ油、サニーレタス、ベビーリーフ、豆腐、トマト、ごまドレッシング、マヨネーズ、セルフィーユ

作り方
①ごぼうとじゃが芋を細切りにし、180℃の油で2度揚げする。
②サニーレタスを食べやすくちぎってベビーリーフと合わせ、ひと口大に切った豆富、くし型切りのトマトとともにごまドレッシングで和える。
③器に②を盛って上から①を被せるようにのせ、マヨネーズをかけてセルフィーユを飾る。

SALAD 18 チーズ屋のシーザーサラダ

| P.136 |

東京・南青山
『アトリエ・ド・フロマージュ　南青山店』

材料
自家製「特製硬質チーズ」、自家製「生チーズ」、自家製「山のチーズ」、高原レタス、ホエー豚のハム、温泉玉子、クルトン、ドレッシング(オリーブオイル、バルサミコ酢、卵黄、リーペリンソース、ピクルス、ケッパー、塩、こしょう)

作り方
①ホエー豚のハムをフライパンで焼いて、カリカリの状態にしておく。
②ドレッシングの材料を合わせてドレッシングを作る。
③高原レタスを食べやすい大きさにちぎる。
④高原レタスと温泉玉子、カリカリに焼いたホエー豚のハムを合わせ、ドレッシングをかけてざっくりと混ぜ、クルトンをちらす。
⑤特製硬質チーズのスライス、生チーズのスライスを上にのせる。
⑥客席に運んでから、チーズおろしで自家製「山のチーズ」の粉チーズを作って上からふりかける。

SALAD 19 自然薯のシーザーサラダ

| P.136 |

東京・中目黒『楽喜DINER』

材料
ロメインレタス、サニーレタス、トレビス、トマト、ミニトマト、グラナパダーノチーズ、黒こしょう、クルトン、レモン、ソース(自然薯、アーリオオーリオソース〔オリーブオイルでにんにくと鷹の爪を炒めたもの〕)カツオだし〔煮詰めたもの〕、生クリーム、牛乳、モッツァレラチーズ、グラナパダーノチーズ

作り方
①ソースを作る。自然薯以外のソースの材料を合わせて火にかける。混ざったら火からおろしてすった自然薯を加えて混ぜる。
②器にざく切りのロメインレタス、サニーレタス、トレビスを盛る。
③適度な大きさに切ったトマトとミニトマトをあしらい、①のソースをかける。仕上げにグラナパダーノソース、黒こしょうをふり、クルトンをちらす。カットしたレモンを添える。

20 SALAD | P.137 |
弘前野菜と釜揚げしらすのシーザーサラダ

東京・新橋
『現代青森料理とワインのお店 Bois Vert』

[材料]
大根、かぶ、人参、小松菜、青梗菜、塩、玉ねぎ、レタス、南部せんべい、揚げ油、ドレッシング（にんにく、アンチョビ、りんご酢、油、卵黄、塩、こしょう）、シラス、パルメザンチーズ、黒こしょう

[作り方]
①大根、かぶ、人参は食べやすく切って塩茹でする。小松菜と青梗菜も塩茹でし、食べやすく切る。
②玉ねぎはスライスし、レタスはちぎる。
③南部せんべいは油でじっくりと揚げる。
④ドレッシングを作る。ボウルに卵黄、りんご酢、塩、こしょうを入れて攪拌し、油を加えてさらに攪拌する。にんにくとアンチョビのみじん切りを加えて混ぜる。
⑤器に①と②を合わせて盛りつけ、上からシラスをたっぷりのせ、周りに③を添える。全体に④をかけ、パルメザンチーズと黒こしょうをふる。

21 SALAD | P.137 |
権太郎サラダ
シーザードレッシング

東京・中目黒『やんちゃ権太郎　お初天神店』

[材料]
トルティーヤ、グリーンカール、きゅうり、ツナ、トマト、茹で玉子、シーザードレッシング

[作り方]
①トルティーヤは、器の形になるよう整えながら、油で揚げる。
②①を器に見立て、その中にグリーンカール、きゅうり、ツナ、トマト、茹で玉子を盛り付け、①にもかかるようにシーザードレッシングを全体にかける。

シーフードサラダ

22 SALAD | P.138 |
鰻と白菜のサラダ、ガーリック風味

東京・四谷『四谷YAMAZAKI』

[材料]
ドレッシング（にんにく、玉ねぎ、サラダ油、醤油、砂糖、酢）、白菜、きゅうり、ウナギの蒲焼き、細ねぎ

[作り方]
①ドレッシングを作る。スライスしたにんにくを揚げてチップを作る。揚げにんにくチップは一部を残し、刻んだ玉ねぎ、醤油、砂糖、酢、サラダ油と共にミキサーで回し、ドレッシングを作る。
②白菜ときゅうりは、そぎ切りにしてから細切りにする。皿にハウ菜、きゅうりの順番で敷く。
③①で残した揚げにんにくチップをちらし、①のドレッシングをかける。
④ウナギの蒲焼きを温めてひと口大にカットし、③に盛り、刻んだ細ねぎをちらす。

23 SALAD | P.139 |
棒棒野菜
アンチョビディップ

東京・八丁堀『ROBATA　美酒食堂　炉とマタギ』

[材料]
にんにく、アンチョビ、オリーブオイル、きゅうり、わさび菜、おくら、トレビス、セロリ、金美人参、紫人参、えんどう、プチトマト

[作り方]
①アンチョビディップを作る。にんにくは皮をむき、水を張った鍋に入れて火にかけ、3回茹でこぼす。
②①が冷めたらミキサーに入れ、アンチョビとオリーブオイルを加えてペーストにする。
③きゅうり、皮をむいた金美人参、紫人参などスティック状にできるものはカットし、できないものは前盛りする。（三浦野菜を使用している為、野菜の内容は季節により変動）特注の器に差し込む。
④器に①のペーストを盛る。プチトマトを半分にカットして添える。

24 SALAD エビマヨとアボカドのサラダ レッドキャビア添え
| P.139 |

大阪・福島『遊食酒家 る主水 福島店』

材料
エビ、卵白、片栗粉、マヨネーズ、練乳、生クリーム、ジン、ケチャップ、塩、こしょう、レッドキャベツ、サニーレタス、エディブルフラワー、ベルローズ、トビコ、ネットライスペーパー、トマトにんにく風味ドレッシング

作り方
①エビマヨを作る。エビは殻をむいて背ワタを取り、塩・こしょうをしてからめ、片栗粉と卵白を入れてよく混ぜ合わせ、油で揚げる。
②マヨネーズ、練乳、生クリーム、ジン、ケチャップ、塩、こしょうを合わせてソースを作り、①のエビの油を切って加え、からめる。
③ネットライスペーパーは、型に挟んで油で帽子状に素揚げし、油をきっておく。
④レッドキャベツ、サニーレタスは食べよい大きさに切り、皿に盛る。②のエビを盛り付け、エディブルフラワー、ベルローズを飾る。③をのせ、その上にトビコとベルローズを飾る。食べる前にドレッシングをかける。

25 SALAD ツナとオニオンのコラーゲンサラダ
| P.140 |

東京・下北沢『ととしぐれ 下北沢店』

材料
ツナ缶、コラーゲン、辛子水菜、ルッコラ、エンダイブ、セロリ、セルフィーユ、長ねぎ、チェリートマト、自家製ごまドレッシング

作り方
①辛子水菜、ルッコラ、エンダイブ、セロリ、セルフィーユはすべて食べやすい大きさに切り、長ねぎは白髪ねぎにする。
②器に、白髪ねぎを除いた①とコラーゲン、チェリートマトを盛り、中央に白髪ねぎと油をきったツナをのせる。
③自家製ごまドレッシングをかける。

26 SALAD あじとのキムラ君
| P.140 |

大阪・なんば『DINING あじと』

材料
しゃぶしゃぶ用の豚肉、スルメのキムチ、特製ラー油、大葉、ごまの葉、白ねぎ、レタス、ライスペーパー、イタリアンパセリ

作り方
①炭で炙った豚肉の粗熱をとって冷ます。
②ライスペーパーに大葉、ごまの葉、①、スルメのキムチ、白ねぎ、レタス、特製ラー油をのせて巻く。
③②を4等分にカットし、皿に盛りつける。イタリアンパセリを飾る。

27 SALAD カニとアボカドのタルタルサラダ
| P.141 |

東京・石神井公園『三ッ☆居酒屋 喰酔たけし』

材料
ブロッコリー、じゃが芋、人参、ヤングコーン、アスパラガス、さつま芋、かぶ、ミニトマト、アボカド、玉ねぎ、ズワイガニのほぐし身、しば漬け、しその実、マヨネーズ、バルサミコ酢、オリーブオイル、塩、こしょう、クラッカー、パセリ

作り方
①ブロッコリー、じゃが芋、人参、ヤングコーン、アスパラガス、さつま芋、かぶはそれぞれ下処理をし、ボイルする。
②アボカドは皮と種を取り除き、みじん切りにした玉ねぎとしば漬け、ズワイガニのほぐし身、しその実、マヨネーズを加え、ディップ状にする。
③バルサミコ酢を煮詰め、オリーブオイル、塩、こしょうを加える。
④皿に①、②を盛り付け、ミニトマトとクラッカーを添える。③をかけ、パセリを飾る。

28 SALAD ブロッコリーと桜海老のペペロンチーノ パクチーのせ
| P.142 |

東京・笹塚『Wine食堂 久(Qyu)』

材料

A（オリーブ、にんにく、アンチョビ、ローズマリーをコンフィにしたもの）、ブロッコリー、塩、オリーブオイル、にんにく、アンチョビ、赤唐辛子、桜エビ、パクチー

作り方
① Aの材料をみじん切りにする。
②ブロッコリーは多めの塩を加えた熱湯で茹で、水気をきる。
③フライパンにオリーブオイルを熱し、にんにく、アンチョビ、赤唐辛子、桜エビを入れ、香りが出てきたら②、①を加えて、よく混ぜる。
④皿に③を盛り付け、刻んだパクチーをのせて完成。

作り方
①アオリイカに切れ目を入れ、薄切りにして表面をガスバーナーで炙る。オリーブオイルでマリネする。
②かぶ、ロマネスコ、オレンジカリフラワー、ブロッコリー、さやいんげん、グリーンアスパラガス、オータムポエム、辛子菜は、食べやすい大きさにして茹で、冷水にとって水気をきる。
③パプリカは細切りにし、レッドロメインレタス、赤軸ほうれん草は食べやすくちぎる。
④②と③をフレンチドレッシングで和える。
⑤キウイフルーツドレッシングを作る。キウイフルーツの果肉を裏ごしし、白ワインビネガー、フレンチドレッシング、塩、こしょうなどを合わせておく。
⑥器に④、①を盛り合わせ、⑤をかけてイクラの醤油漬けをちらす。

29 SALAD　鰯のソテーの　ニース風サラダ仕立て
| P.142 |

東京・笹塚『Wine食堂　久(Qyu)』

材料
イワシ、塩、こしょう、プチトマト、パプリカ、赤玉ねぎ、オリーブ、ベビーリーフ、自家製ドレッシング、（玉ねぎ、にんにく、赤ワインビネガー、グレープシードオイル、EXVオリーブオイル、オレンジの皮などを合わせたもの）、茹で玉子、レモン、ディル

作り方
①イワシは下処理をし、塩、こしょうを強めに振ってフライパンで焼く。
②野菜類は食べやすく切ってボウルに入れ、自家製ドレッシングで和える。
③皿に②を敷いて、①を中央に置き、茹で玉子、レモンを添えてディルをちらす。

31 SALAD　鮮魚のカルパッチョと　梅干シャーベットの　冷たいサラダ
| P.144 |

神戸・三宮『雪月風花』

材料
A（梅干、赤しそ、水、酢、昆布、砂糖）、ミックスサラダ（赤パプリカ、黄パプリカ、赤玉ねぎ、サラダ水菜、レタス、サニーレタス）、鮮魚（ブリ）、玉ねぎ、ミニトマト、セルフィーユ

作り方
① Aを鍋に入れ、砂糖が溶けるまで火にかける。
②①の粗熱をとり、バットなどの容器に入れて冷凍する。
③ミックスサラダを皿に盛り付けて、ブリを立てかけるように盛る。スライスした玉ねぎを飾る。
④②でできたシャーベットをスプーンなどで掻き出して上から盛る。ミニトマト、セルフィーユを飾る。

30 SALAD　あおりいかと季節野菜の　サラダ仕立て　キウイフルーツドレッシング
| P.143 |

東京・神泉『うみとはたけ　ぽつらぽつら』

材料
アオリイカ（刺身用）、かぶ、ロマネスコ、オレンジカリフラワー、ブロッコリー、さやいんげん、グリーンアスパラガス、オータムポエム、辛子菜、パプリカ、レッドロメインレタス、赤軸ほうれん草、オリーブオイル、自家製のフレンチドレッシング、キウイフルーツドレッシング（キウイフルーツ、白ワインビネガー、自家製のフレンチドレッシング、塩、こしょうなど）、イクラの醤油漬け

32 SALAD　活タコと、パクチーの　香草爆弾！　タイ風サラダ
| P.144 |

東京・自由が丘
『自由が丘　直出しワインセラー事業部』

材料
活タコ、パクチー、ルッコラ、サニーレタス、ピンクロッサ、大葉、水菜、松の実、ドレッシング（プリックチーファー、干しエビ、にんにく、ナンプラー、酢、すだち果汁）

作り方
①ドレッシングを作る。すべての具材をミキサーに入れて回し、ツブツブとした食感を残して仕上げる。
②活タコは薄切りにし、パクチーとその他の葉物野菜は適当な大きさに切る。
③皿に②の料理を盛り付け、周りに活タコを並べる。①をかけ、松の実をちらして仕上げる。

作り方
①サニーレタスはひと口大にちぎり、玉ねぎは薄くスライスして、それぞれ冷水にさらす。プチトマトを3〜4等分に薄くスライスする。グレープフルーツは皮をむいておく。
②馬のふたえご、パルミジャーノチーズは薄くスライスしておく。
③①を皿に盛り、上から②をまんべんなくのせて、細かくみじん切りにしたイタリアンパセリをちらす。
④材料を混ぜて柚子ドレッシングを作り、③の上から回しかける。

肉サラダ

33 SALAD
有機野菜とたてがみ 自家製馬肉味噌添え
| P.145 |

神奈川・川崎『馬肉料理と蒸し野菜　型無夢荘』

材料
馬のたてがみ、生野菜（かぶ、きゅうり、ベビーコーン、おくら、黄パプリカ、赤パプリカ、ミニトマト、サニーレタス、黒人参）、炭酸水、馬肉味噌（〔A〕サラダ油、馬挽き肉、長ねぎみじん切り、おろしにんにく、おろし生姜、白味噌、赤味噌、コチュジャン、みりん、酢、砂糖、豆板醤〔B〕大葉のみじん切り、すりごま）

作り方
①生野菜を適当な大きさにスライスし、サニーレタスはひと口大にちぎる。
②①を全体がパリッとなるまで炭酸水につけておく。
③たてがみは薄くスライスして、湯引きしておく。
④馬肉味噌のAの材料を鍋に入れて火にかけ、いい香りが立つまで炒める。出来上がったら冷ましてBを混ぜておく。
⑤皿に②と③を盛り付け、④を添える。

35 SALAD
kamon自家製 くん製サラダ
| P.147 |

京都・河原町『kamon』

材料
鴨、ホタテ、ナチュラルチーズ、クルミ・ナラのブレンドチップ、さくらチップ、ベビーリーフ、小かぶ、フルーツトマト、ハーブオリーブオイル、こしょう

作り方
①鴨、ホタテ、ナチュラルチーズの燻製を作る。鴨とホタテはクルミとナラのブレンドチップ、チーズはさくらチップで燻製にする。
②ベビーリーフを皿に敷き、①とひと口大に切った小かぶ、フルーツトマトを彩りよく並べる。
③ハーブオリーブオイルとこしょうを全体にかける。

34 SALAD
ふたえごと グレープフルーツの カル馬ッチョ
| P.146 |

神奈川・川崎『馬肉料理と蒸し野菜　型無夢荘』

材料
馬のふたえご、サニーレタス、玉ねぎ、グレープフルーツ、プチトマト、パルミジャーノチーズ、イタリアンパセリ、柚子ドレッシング（柚子果汁、EXオリーブオイル、塩）

36 SALAD
鶏レバーとベーコン、 キノコの温製サラダ
| P.147 |

東京・新橋『モツビストロ　麦房家』

材料
鶏レバー、ベーコン、しめじ、サニーレタス、グリーンカール、小ねぎ、ごま、クルトン（フランスパンを小さく切り、オーブンで焼いたもの）、オリーブオイル、自家製のフレンチドレッシング、赤ワインビネガー

作り方
①鶏レバーは流水にさらして臭みを抜き、適度な大きさにカットする。
②フライパンにオリーブオイルをひき、ベーコン、①、しめじをソテーする。ベーコンがカリカリになったらフレンチドレッシング、赤ワインビネガーで味を調える。
③器にちぎったサニーレタス、グリーンカールを盛り付け、中央に②を盛る。刻んだ小ねぎ、クルトン、ごまをちらす。

37 SALAD | P.148
淡雪つもる豚の ハリハリサラダ

大阪・福島『遊食酒家 る主水 福島店』

材料
豚バラ肉、水菜、白菜、プチトマト、三つ葉、菊花、"淡雪"(麺つゆ、ゼラチン、卵白)、フレンチドレッシング、一味唐辛子

作り方
① "淡雪"を作る。麺つゆを鍋で温め、ゼラチンを溶かして粗熱を取る。卵白を加え、しっかりと泡立てて冷まし、"淡雪"とする
② 豚バラ肉は、沸騰した湯で泳がせてしゃぶしゃぶにし、冷ましておく。
③ 白菜はせん切りにし、三つ葉は食べやすい長さに。プチトマトは縦4つに切っておく。
④ 器に③の白菜をのせ、その上に②の肉を盛る。③の三つ葉とプチトマトをちらし、フレンチドレッシングをかける。その上に①の"淡雪"を山盛りにし、結んだ三つ葉を飾る。

38 SALAD | P.149
桜島どり蒸し鶏の パリパリチョレギサラダ

東京・新橋『鶏菜 三宮店』

材料
桜島どりのもも肉、調味液(酒、醤油、塩、こしょう)、サニーレタス、水菜、トレビス、揚げそば、チョレギドレッシング、パプリカ、ねぎ、レモン

作り方
① 鶏もも肉は鍋に入れ、酒、醤油、塩、こしょうを混ぜ合わせた調味液をかけて蓋をし、15分程度蒸し煮にする。
② サニーレタス、水菜、トレビスを抵当な大きさにちぎって器に盛り、その上に揚げそばを置き、真ん中に①を置く。
③ 全体にチョレギドレッシングをかけ、パプリカ、ねぎ、レモンを飾る。

39 SALAD | p149
自然薯の 生ハムロール

東京・中目黒『楽喜 DINER』

材料
パルマ産の生ハム、自然薯(スライス)、自然薯(すりおろしたもの)、きゅうり、オリーブオイル、ミニトマト、自然薯チップ、ハーブ塩、イタリアンパセリ(粉末)、イタリアンパセリ(飾り用)

作り方
① スライスした自然薯、きゅうりの細切り、すりおろした自然薯をパルマ産の生ハムで巻く。
② 器に盛り、オリーブオイルをかけ、ミニトマトをあしらう。
③ 自然薯を適度な大きさに切って揚げた自然薯チップをのせ、ハーブ塩、粉末のイタリアンパセリをふる。イタリアンパセリを飾る。

トマトサラダ

40 SALAD | P.150
DEN'S 特製完熟桃尻トマト

東京・吉祥寺
『「飲み屋祥寺」の店の下　DEN's cafe』

材料
水、ピーチリキュール、グラニュー糖、トマト(シシリアンルージュ)、セルフィーユ

作り方
① 水700ccに、ピーチリキュール200cc、グラニュー糖100gを加えて特製シロップを作る。
② トマト(シシリアンルージュ)は、湯むきしてボールに入れ、①のシロップを入れる。
③ ボールを蒸籠にのせて10～15分間蒸す。過熱しすぎるとトマトが膨らみすぎてしまうので、少し膨らんだところで火からおろす。
④ ③はボールごと氷水にあてて粗熱を取り、冷蔵庫で冷やす。
⑤ ④を器に移し、セルフィーユを飾る。

41 SALAD | P.150
冷やしトマト南仏風

東京・神楽坂『季節料理　神楽坂　けん』

材料
トマト(桃太郎)、塩、こしょう、にんにく、エシャロット、醤油、

バルサミコ酢、オリーブオイル、フィーヌ・ゼルブ（イタリアンパセリ、シブレット、セルフィーユ、ディル、エストラゴン）

作り方
①フィーヌ・ゼルブを作る。香草はすべて細かくちぎり、合せておく。
②にんにく、エシャロットは、みじん切りにする。
③トマトは湯むきしてヘタを取り、縦に包丁を入れて5mm厚さにスライスする。
④器に③を盛り付けて塩・こしょうをふり②をちらし、醤油、バルサミコ酢、オリーブオイルをかける。①をトッピングして完成。

42 SALAD　トマトとアボガドのサラダ
黒オリーブソース
| P.151 |

神戸・三宮『沖縄鉄板バル　ミートチョッパー』

材料
トマト、アボガド、黒オリーブソース（アンチョビ、ブラックオリーブ、ケッパー）、イタリアンパセリ

作り方
①黒オリーブソースを作る。アンチョビ、ブラックオリーブ、ケッパーをミキサーで混ぜ合わせる。
②トマトは半月切りにし、アボガドは皮と種を取り除き、ひと口大に切る。
③器に②のトマト、アボガド、①の順に盛り付ける。イタリアンパセリを飾る。

43 SALAD　ガーネットトマトの
コンポート
| P.152 |

大阪・福島『福島金魚』

材料
ガーネットトマト、白ワイン、グラニュー糖、チャービル

作り方
①鍋に白ワインを入れてアルコール分を飛ばし、グラニュー糖を加える。
②ガーネットトマトを湯むきする。
③②を①に漬けて冷蔵庫で1日ほど寝かせる。
④③を漬け地と一緒に器に盛り付け、仕上げにチャービルを飾る。

44 SALAD　フルーツトマトの
味噌漬け
| P.152 |

東京・神泉『うみとはたけ　ぽつらぽつら』

材料
フルーツトマト（高知産）、仙台味噌、白味噌、天かす

作り方
①フルーツトマトはヘタを取り除き、湯むきする。
②仙台味噌と白味噌、天かすを合わせ、①を丸のまま半日程度漬け込む。
③注文ごとに1個をひと口大に切り、器に盛る。

45 SALAD　黒にんにくとトマトのマリネ
桃ビネガーで
| P.153 |

東京・阿佐ヶ谷『野菜食堂　はやしや』

材料
黒にんにく（市販品）、ミニトマト、豆腐、味噌、玉ねぎ、パプリカ、きゅうり、麹、塩、砂糖、桃酢（桃、酢、氷砂糖を漬け込んで作ったもの）、人参の葉

作り方
①ミニトマトは半分にカットする。豆腐は丸くくり抜き、味噌に12時間漬け込み、燻製にする。玉ねぎ、パプリカ、きゅうりは適当な大きさにカットし、麹、塩、砂糖で1日漬け込み、三五八漬けにする。
②①を黒にんにくとともに、グラスに見栄えよく盛り込み、桃酢をかける。人参の葉を飾る。

46 SALAD　桃トマトとミントのマリネ
| P.154 |

埼玉・所沢『イザカヤ TOMBO』

材料
トマト、白ワイン、ピーチリキュール、塩、レモン汁、桃の果汁、ミントの葉

作り方
①トマトを湯むきする。
②鍋に白ワイン、ピーチリキュールを入れ、火にかけてアルコール分を飛ばす。塩、レモン汁、桃の果汁を合わせて冷ます。

③②に①を一晩漬けておく。
④汁ごと③を皿に盛り付け、ミントの葉を添える。

47 SALAD 桃太郎トマトのおひたし
～クリームチーズのせ～

| P.154 |

神戸・三宮『Vegetable Dining　畑舎』

[材料]
トマト（桃太郎トマト）、漬け地（白だし、薄口醤油、みりん、カツオ節）、クリームチーズ、カツオ節、大根、アイスプラント

[作り方]
①トマトは湯むきする。
②漬け地を作る。鍋に白だし、薄口醤油、みりんを入れて加熱する。カツオ節を加えて煮出し、布で濾す。
③①を②に一晩漬け込む。
④器に③のトマトを盛り付けて、漬け地を張る。クリームチーズとカツオ節をのせ、らせん状に飾り切りした大根とアイスプラントを添える。

48 SALAD トマトサラダ

| P.155 |

東京・明大前『魚酎　UON-CHU』

[材料]
トマト、紫玉ねぎ、玉ねぎ、ねぎ胡麻ドレッシング（市販品）、フライドオニオン（市販品）、ドライパセリ

[作り方]
①紫玉ねぎと玉ねぎは、スライスして水にさらし、粗くみじん切りにする。
②トマトを厚めにスライスする。
③②に①をのせ、フライドオニオンを山盛りのせる。
④③にねぎ胡麻ドレッシングを回しかけ、最後にドライパセリをふる。

49 SALAD 冷やし「桃」トマト

| P.155 |

千葉・市原『炭焼隠家だいにんぐ いぶしぎん』

[材料]
トマト、水、グラニュー糖、ピーチリキュール、セルフィーユ

[作り方]
①トマトは湯むきする。
②鍋に水、グラニュー糖、ピーチリキュールを入れ、煮立たせてアルコールを飛ばす。
③熱いままの②に①を入れ、そのまま粗熱を取ってから冷蔵庫で冷やす。
④③を食べやすい大きさにカットして皿に盛り付け、②の漬け汁をかけ、セルフィーユを飾る。

ポテトサラダ

50 SALAD ポテトサラダいくら乗せ

| P.156 |

東京・八丁堀
『もつ鍋　割烹　鶏しおそば
竹井幸彦　八丁堀茅場町店』

[材料]
イクラの醤油漬け（イクラ、醤油、酒、みりん）、じゃが芋、きゅうり、玉ねぎ、茹で玉子、A（塩、こしょう、マスタード、醤油、マヨネーズ）

[作り方]
①イクラの醤油漬けを作る。イクラはぬるま湯に入れて軽くほぐしながら、塩抜きをする。容器に塩抜きしたイクラ、醤油、酒、みりんを入れて半日以上漬け込む。
②じゃが芋は茹でてやわらかくし、熱いうちに皮をむく。ボウルに入れてマッシュする。きゅうり、玉ねぎは薄切りにし、玉ねぎは水に約15分ほどさらして水けを拭き取る。茹で玉子は粗みじん切りにする。
③ボウルに②を入れる。Aを加えて混ぜ、味を調える。皿に高さをつけて盛り（高さ約7cm）、①を上からかける。

51 SALAD 肉味噌ポテトサラダ

| P.157 |

東京・自由が丘『ヒラクヤ』

[材料]
じゃが芋、塩、こしょう、きゅうり、粗挽き肉、青唐辛子味噌、ソース、マヨネーズ、コチュジャン、七味唐辛子、半熟煮玉子、万能ねぎ、白ごま、焼き海苔、ラー油

[作り方]
①じゃが芋を塩茹でして皮をむき、塩、こしょうしてマッシュする。
②①にきゅうりの薄切り、甘辛く煮た粗挽き肉、青唐辛子味噌、ソース、マヨネーズ、コチュジャン、七味唐辛子を混ぜ合わせる。
③仕上げに煮玉子をのせ、万能ねぎ、白ごまをふる。焼き海苔とラー油を添える。

52 SALAD 燻製卵ポテトサラダ

| P.157 |

大阪・福島『parlor184』

[材料]
卵、桜チップ、ポテトサラダ(じゃが芋〈男爵いも、インカのめざめ〉、ベーコン、玉ねぎ、きゅうり、マヨネーズ、塩、こしょう)、青ねぎ、だし醤油、ごまソース、オリーブオイル、黒こしょう、イタリアンパセリ、ピンクペッパー

[作り方]
①半熟卵を作り、桜チップで燻製する。
②ポテトサラダを作る。男爵いもは蒸して皮をむき、目の粗い濾し器で裏漉しする。インカのめざめは蒸して皮をむき、サイコロ状にカットする。2種類のじゃが芋とベーコン、玉ねぎときゅうり、マヨネーズ、塩、砂糖を合わせる。
③皿に②を盛り付け、半分にカットした①を上にのせる。
④燻製卵にだし醤油をかけて刻んだ青ねぎを散らし、全体にごまソースとオリーブオイル、黒こしょうをかける。仕上げに刻んだイタリアンパセリをかけ、ピンクペッパーを飾る。

53 SALAD 炙りたらこのポテサラ

| P.158 |

東京・明大前『魚酎　UON-CHU』

[材料]
生タラコ(一腹)、ポテトサラダ(市販品)、黒こしょう、万能ねぎ

[作り方]
①生タラコを焼き台でしっかり火が通るまで炙る。
②器にポテトサラダを盛り、黒こしょうと万能ねぎを散らす。その上に①をのせる。
③客席へ運び、スタッフが混ぜて仕上げる。

54 SALAD R-18指定 秋の大人のポテトサラダ

| P.159 |

東京・池袋『パワースポット居酒屋　魚串　炙縁』

[材料]
じゃが芋〈インカのめざめ〉、玉ねぎ、いぶりがっこ、マヨネーズ、塩、粗挽き黒こしょう、アンチョビ、ロースハム、さつま芋、サラダ油、粉パセリ

[作り方]
①玉ねぎ、いぶりがっこはみじん切りにする。
②じゃが芋は30分蒸し、常温に置いて粗熱を取る。
③ボウルにマヨネーズ、塩、粗挽き黒こしょう、アンチョビを入れて混ぜ合わせる。①を入れて混ぜ、さらに②を握り潰しながら入れる。軽く混ぜ、冷蔵保存する。
④ロースハムは半分に切る。
⑤さつま芋はスライスして180℃のサラダ油で30〜40秒素揚げする。
⑥注文ごとに器に③、折り曲げた④を盛る。⑤を刺し、粉パセリをかける。

55 SALAD パルミジャーノチーズといぶりがっこのポテトサラダ

| P.159 |

東京・渋谷『Dining Restaurant ENGAWA』

[材料]
じゃが芋、砂糖、マヨネーズ、塩、こしょう、粒マスタード、パルミジャーノチーズ、いぶりがっこ

[作り方]
①じゃが芋は砂糖を入れて茹でる。茹で上がったら皮をむいてマッシュする。
②①にマヨネーズ、塩、こしょう、粒マスタード、パルミジャーノチーズ、スライスしたいぶりがっこを混ぜ合わせる。

バーニャカウダ・カプレーゼ

56 SALAD つきだし
| P.160 |

東京・外神田『ヤサイ・ワイン　オレンチ』

[材料]
イチゴ、キンカン、赤ピーマン、さつま芋、ホワイトセロリ、赤軸ほうれん草、あやめゆきかぶ、ラディッシュ、カリフラワー、きゅうり、島人参、トマト、ヤーコン、アイスプラント、チーズディップ（玉ねぎ、パセリ、クリームチーズ、白ワインビネガー、生クリーム、塩、オリーブオイル）

[作り方]
①チーズディップを作る。クリームチーズ、白ワインビネガー、生クリーム、塩、オリーブオイルをミキサーにかけ、みじん切りの玉ねぎ、パセリを混ぜ合わせる。
②材料をそれぞれ下処理し、器に盛り付ける。①を添えて提供。

57 SALAD 旬の野菜のバーニャカウダー
| P.161 |

名古屋・西区『Fine Dining TASTE-6』

[材料]
バーニャカウダ（にんにく、牛乳、アンチョビペースト、オリーブオイル、生クリーム、生姜）、かぼちゃのクーリー（かぼちゃ、蜂蜜、生クリーム、塩）、季節野菜（桃かぶ、今市かぶ、紫にんじん、ブロッコリー、カリフラワー、黄カリフラワー、ラディッシュ、紫芋、安納芋など）、オリーブオイル、岩塩

[作り方]
①バーニャカウダを作る。にんにくは皮をむき、牛乳で煮て臭みとえぐみを取り除く。アンチョビペースト、オリーブオイル、生クリームを加えて混ぜ合わせ、おろし生姜を加え混ぜる。
②かぼちゃのクーリーを作る。かぼちゃは煮てピューレ状にし、残りの材料と合わせる。
③野菜類は食べやすい大きさに切って茹でる。
④器に氷を敷き詰め、③の野菜を並べる。バーニャカウダをオイルフォンデュ鍋に、かぼちゃのクーリー、オリーブオイルと岩塩を混ぜたものをそれぞれ小皿に入れて野菜に添える。

58 SALAD せいろ仕立てのバーニャカウダ
| P.162 |

東京・恵比寿
『ark-PRIVATE LOUNGE/CAFÉ&DINING（アーク　プライベート　ラウンジ）』

[材料]
にんにく、アンチョビ、オリーブオイル、生クリーム、西京味噌、赤パプリカ、黄パプリカ、おくら、ベビーコーン、紅芯大根、銀杏、青梗菜、かぶ、カリフラワー、ブロッコリー、ピンクソルト、抹茶塩

[作り方]
①鍋にオリーブオイルとにんにくを入れて弱火にかけ、にんにくの香りが出たらアンチョビ、生クリームを加えてとろみがつくまで煮込み、西京味噌を加えてよく混ぜる。
②野菜は食べやすい大きさに切り、蒸籠で蒸し上げる。
③①のソースは温めて器に盛り、②の蒸籠とともに器に盛る。ピンクソルト、抹茶塩を添える。

59 SALAD 下町バーニャカウダ
| P.163 |

東京・門前仲町『炭火焼き&ワイン　情熱屋』

[材料]
ソース（オリーブオイル、鷹の爪、アンチョビ、豆乳、塩、にんにく）、アンディーブ、パプリカ、きゅうり、人参、赤かぶ、黄かぶ、大根、黒キャベツ、ブロッコリー、プチトマト

[作り方]
①オリーブオイル、にんにく、鷹の爪、アンチョビを混ぜて火にかける。冷めたものに豆乳と塩を入れて混ぜ合わせる。
②野菜を器に盛って皿にのせ、①のソースは提供直前にホイッパーでかき混ぜ、別容器で添える。

60 SALAD 有機野菜のはいったバーニャカウダ風八丁味噌添え
| P.164 |

東京・虎ノ門『la tarna di universo Comon』

[材料]
特製合わせ味噌（八丁味噌と白味噌をブレンドしたもの）、アンチョビ、オリーブオイル、レタス、きゅうり、赤と黄色のパ

プリカ、姫人参、姫大根、プチトマト、みょうが、はじかみ

[作り方]
① バーニャカウダのソースを作る。鍋に同店の特製合わせ味噌を入れ、アンチョビとオリーブオイルを加えて混ぜ、火にかけて煮立て、ガラスの器に入れる。
② 皿に手でちぎったレタスを敷き、縦に切ったきゅうり、赤と黄色のパプリカ、手を加えない姫人参、姫大根、プチトマト、みょうが、はじかみを見栄えよくボリューム感が出るように盛り付け、その横に①を添える。

SALAD 61 山形のバーニャカウダ あまぴちょクリーム
| P.164 |

東京・丸の内『Yamagata バール Daedoko』

[材料]
あまぴちょクリーム（バター、生クリーム、あまぴちょ＜山形味噌＞）、旬の野菜10種類前後（取材時はレタス、パプリカ、フルーツトマト、舟形マッシュルーム、ビタミン大根、みょうが、きゅうり、セロリ、人参、クレソン、赤大根、茹でたブロッコリー）

[作り方]
① あまぴちょクリームを作る。バター、生クリーム、あまぴちょを混ぜ合わせ、煮詰めて専用の器に入れる。
② 野菜はそれぞれ食べやすい大きさにカットする。クラッシュアイスを敷いた器に、10種類前後の野菜を見栄えよく盛り合わせる。
③ ②を客席に運び、①を温める。

SALAD 62 彩り野菜のバーニャカウダ ～味噌クリーム仕立て～
| P.165 |

東京・中野
『肉食系ビストロ＆ワイン酒場　Tsui-teru!』

[材料]
ソース（バター、にんにく、味噌、生クリーム、アンチョビ、ピーナツバター）、季節の野菜（赤・黄パプリカ、サニーレタス、グリーンカール、セロリ菜、セロリ、レディ大根＜サラダ用大根＞、ヤングコーン、スナップエンドウ、おくら、ミニトマト、かぶ、レッドアイ＜赤玉ねぎ＞、デトロイト、水菜、グリーンアスパラ、モロッコいんげん、いんげん、人参、ミックスリーフ）

[作り方]
① ソースを作る。バターでにんにくのみじん切りを炒める。香りが出たら、味噌、生クリーム、アンチョビ、ピーナツバターを加えて加熱する。香ばしい香りがしてきたら、ミキサーにかけ、乳化させる。
② 季節の野菜を適宜カットし、必要なものは下処理する。器に彩りよく盛り込み、①を器に入れて添える。

SALAD 63 彩り野菜の自然薯ヨーグルト和風カプレーゼ
| P.166 |

東京・中目黒『楽喜DINER』

[材料]
ソース（自然薯、プレーンヨーグルト、カツオだし、塩、こしょう、レモン汁）、野菜（ミニトマト、ズッキーニ、人参、大根、きゅうり）、春巻きの皮、塩、黒すりごま、黒こしょう、イタリアンパセリ

[作り方]
① 春巻きの皮に軽く塩をふり、揚げて器にする。
② ソースを作る。自然薯をすってカツオだしでのばし、プレーンヨーグルトを混ぜる。塩、こしょうで味を調え、レモン汁を加える。
③ 野菜はすべてさいの目に切る。皿にのせた①の器に盛り、②のソースをかける。黒すりごま、黒こしょうをふり、イタリアンパセリを添える。

SALAD 64 だしと青豆豆腐のカプレーゼ
| P.167 |

東京・丸の内『Yamagata バール Daedoko』

[材料]
青豆豆腐、パルメザンチーズ、トマト、だし（きゅうり、なす、おくら、みょうがを刻んで合わせた山形の郷土料理）、バジルペースト、ポン酢、EXV オリーブオイル、バジル

[作り方]
① 青豆豆腐を適当な厚さに切り、水気を切ってパルメザンチーズをなじませる。
② トマトは薄い半月切りにする。
③ だしにバジルペーストとポン酢を加える。
④ 皿に①と②を交互に並べ、③をのせてEXV オリーブオイルをかける。バジルを飾る。

SALAD 65 都筑産蕪とトマトのカプレーゼ
| P.167 |

神奈川・都筑『創作台任具BAR　善』

【材料】
かぶ、トマト、小松菜、EXVオリーブオイル、松の実、にんにく、パルメザンチーズ、塩、こしょう

【作り方】
①かぶとトマトはひと口サイズにカットする。
②小松菜は、松の実、にんにく、パルメザンチーズと共にミキサーに入れ、オリーブオイルを注いで回す。塩で味を調え、ソースとする。
③器に①を盛り、②をかけ、こしょうをふる。

その他サラダ

SALAD 66 つけ麺サラダ
| P.168 |

東京・中目黒『やんちゃ権太郎　お初天神店』

【材料】
中華麺、水菜、大根、人参、刻み海苔、つけ麺ダレ（山芋、ごまドレッシング、万能ねぎ）

【作り方】
①つけ麺ダレを作る。山芋をすり下ろしてとろろ状にし、ごまドレッシングと混ぜ合わせ、万能ねぎをかける。
②中華麺を茹でて器に盛り、水菜、スライスした大根、せん切りの人参をのせ、刻み海苔をふる。

SALAD 67 野菜たっぷりの冷麺サラダ ～盛岡から愛を込めて～
| P.169 |

愛知・刈谷『創作和洋ダイニング OHANA』

【材料】
冷麺の麺、冷麺スープ、きゅうり、茹で玉子、茹で鶏肉、キムチ、レタス、海ずいしょう、白髪ねぎ、三つ葉、レモン

【作り方】
①冷麺は沸騰した湯で茹で、冷水でしめる。
②冷麺を器に盛り付け、スープを注ぐ。野菜と具をすべて盛り付けて完成。

SALAD 68 森のきのこ納豆サラダ
| P.169 |

福岡・白金『博多フードパーク　納豆家粘ランド』

【材料】
ベーコン、しめじ、えのき、舞茸、ブロッコリー、サニーレタス（またはレタス）、オリーブオイル、粒納豆、A（ガーリックパウダー、中華だし、納豆ダレ、こしょう）、トレビス、揚げごぼう、クルトン、ポン酢

【作り方】
①ベーコンは1cm幅で切り、しめじ、えのき、舞茸は石突きをとり小房に分ける。ブロッコリーはさっと塩茹でし、サニーレタスは適当な大きさにちぎる。
②フライパンにオリーブオイルを入れて熱し、ベーコン、きのこ類を炒める。さらに、よく混ぜた納豆を加えてさっと炒め、Aで調味する。
③器にサニーレタス、ブロッコリー、トレビスをバランスよく盛り、②を盛り付ける。揚げごぼう、クルトンをのせる。お好みでポン酢をかける。

SALAD 69 モッツァレラとカラスミ、味玉のマリネサラダ 海苔のエスプーマ
| P.170 |

東京・池袋『新和食　到　itaru』

【材料】
味玉（卵、カツオだし、醤油、みりん）、海苔のエスプーマ（もみ海苔、カツオだし、酢、醤油、ケッパー、レモン汁、ゼラチン、サラダ油）、トマト、モッツァレラチーズ、大葉、塩、こしょう、EXVオリーブオイル、カラスミ、黒こしょう

【作り方】
①味玉を作る。沸いた湯に卵を入れて6分間茹で、冷水にとって殻をむき、カツオだし、醤油、みりんで作った漬け汁に2日間漬ける。
②海苔のエスプーマを作る。もみ海苔、カツオだし、酢、醤油、ケッパー、レモン汁を熱し、戻したゼラチンを加えて溶かす。サラダ油を合わせ、ボトルに入れて冷蔵庫で冷やす。
③ひと口大に切ったトマト、ちぎったモッツァレラチーズと大葉を塩、こしょう、オリーブオイルで味付けし、薄くスライスしたカラスミを加えて器に盛り付ける。
④①をくし形切りにしてのせ、黒こしょうを挽き、客席へ運んで②を上から絞る。

70 SALAD 白菜と塩昆布のサラダ
| P.170 |

東京・東高円寺『四季料理 天★（てんせい）』

材料
白菜（白、紫）、塩昆布、柚子、塩、醤油、太白ごま油、白ごま、糸唐辛子

作り方
①白菜は、それぞれよく洗い、水けをきって食べやすい大きさに切っておく。
②①の白菜に、塩昆布、細切りにした柚子の皮、塩、醤油を加えて混ぜ、最後に太白ごま油をふる。白菜の芯は、少し食感を残す程度に強くもむ。
③皿に盛り付け、白ごま、糸唐辛子を飾る。

 71 SALAD わかめと心太のサラダ
| P.171 |

東京・板橋区『中仙酒場　串屋さぶろく』

材料
レタス、わかめ、トコロテン、みょうが、トマト、おくら、タレ（めんつゆ、レモン汁）、和がらし、白ごま、青海苔

作り方
①皿にせん切りにしたレタス、水で戻した乾燥わかめ、トコロテン、せん切りにしたみょうがの順に山盛りにし、まわりにダイスカットにしたトマト、輪切りにしたおくらを散らす。
②めんつゆとレモン汁を合わせたタレをかける。和がらしを添え、白ごま、青海苔をふる。

 72 SALAD 豆腐とあおさ海苔のさっぱりサラダ
| P.171 | 納豆梅ドレ

東京・自由が丘『ヒラクヤ』

材料
葉物野菜（サニーレタス、グリーンカール、エンダイブ、クレソン、ホワイトセロリ、トレビス）、豆苗、かいわれ大根、みょうが、三つ葉、油揚げ、A（あおさ海苔、豆腐、マヨネーズ、万能ねぎ、いりごま、カツオ節、もみ海苔）、納豆ドレッシング（サラダ油、梅エキス、赤しその葉）

作り方
①葉物野菜を合わせ、器に盛る。
②豆苗、かいわれ大根、みょうが、三つ葉を少量ずつのせる。
③炭火で炙った油揚げとAの材料をのせる。納豆ドレッシングを添える。

73 SALAD 〆さば生春巻き
| P.172 |

東京・神楽坂『季節料理　神楽坂　けん』

材料
酢〆めしたサバ、サニーレタス、大根、人参、きゅうり、ライスペーパー、タレ（練りごま、豆板醤、水あめ、にんにく、醤油、オイスターソース、米酢、ごま油）

作り方
①タレを作る。材料をすべて合わせ、よく混ぜる。
②前日に浅く酢〆めしておいたサバを、棒状に切る。
③大根、人参、きゅうりはせん切りにする。
④水で戻したライスペーパーにサニーレタスを敷き、③を並べ、②を芯にして巻く。
⑤器に①のタレを流し入れ、④を2.5cm幅にカットして盛り付ける。

 74 SALAD ねぎトロ生湯葉の春巻き
| P.172 |

東京・三鷹『独創Dining MACCA』

材料
マグロトロ肉、ねぎ、パプリカ、きゅうり、サニーレタス、マヨネーズ風味のスイートチリソース、生湯葉、パプリカパウダー、セルフィーユ

作り方
①細かく刻んだねぎとマグロを合わせ、包丁でたたいてねぎトロを作る。
②パプリカ、きゅうりは輪切りに、ねぎは白髪ねぎにする。
③生湯葉を広げ、①、②をのせ、マヨネーズ風味のスイートチリソースをかけて春巻きのように包み込む。
④カットして表面にパプリカパウダーをふり、器に盛ってセルフィーユを飾る。

「創作サラダ料理」の掲載店住所一覧

ark-PRIVATE LOUNGE/CAFÉ&DINING
東京都渋谷区恵比寿南 1-12-5 1F-4F
03-3713-6564

アトリエ・ド・フロマージュ　南青山店
東京都港区南青山 3-8-5 デルックスビル 1F
03-6459-2464

イザカヤ　TOMBO
埼玉県所沢市緑町 2-1-5
04-2939-4010

いざかや　ほしぐみ
東京都世田谷区三軒茶屋 2-13-10
03-3487-9840

魚酎　UON-CHU
東京都世田谷区松原 2-42-5 1F
03-6379-2957

うみとはたけ　ぽつらぽつら
東京都渋谷区円山町 22-11 堀内ビル 1F
03-5456-4512

沖縄鉄板バル　ミートチョッパー
兵庫県神戸市中央区琴ノ緒町 5-5-29
078-252-2345

kamon
京都府京都市下京区寺町通仏光寺下ル恵美須之町 527 1F
075-202-4935

関西酒場　らくだば
東京都新宿区新宿 1-23-16 第 2 得丸ビル 1F
03-6457-4500

季節料理　神楽坂　けん
東京都新宿区神楽坂 3-10
03-3269-7600

京風創作料理　浜町
京都府京都市中京区河原町通三条上ル恵比須町 448-2
075-257-4949

現代青森料理とワインのお店 Bois Vert
東京都港区西新橋 1-13-4 B1
03-5157-5800

魚・地どり・豆ふ　伝兵衛　池袋店
東京都豊島区南池袋 1-26-9 第 2MYT ビル 4F
03-5957-5225

四季料理　天★
東京都杉並区梅里 1-21-17
03-3311-0548

自由が丘　**直出しワインセラー事業部**　03-5701-0025
　　　　　地下のワインセラー事業部　03-5701-0528
東京都目黒区自由が丘 1-24-8 フェリ・ド・フルール 1F

新和食　到　itaru
東京都豊島区南池袋 2-23-4 2F
03-6915-2181

炭火焼き&ワイン　情熱屋
東京都江東区門前仲町 2-3-13
03-5639-1139

炭焼隠家だいにんぐ いぶしぎん
千葉県市原市五井中央西 2-2-5 サンパークビル 2F
0436-26-3733

雪月風花
兵庫県神戸市中央区北長狭通 2-1-1 パープル山勝 6F
078-333-0075

創作台任具 BAR 善
神奈川県横浜市都筑区勝田町 1071
045-948-6955

創作和洋 DINING OHANA
愛知県刈谷市桜町 1-53
0566-27-1139

DINING あじと
大阪府大阪市中央区難波千日前 4-20
06-6633-0588

Dining Restaurant ENGAWA
東京都渋谷区宇田川町 36-19 サーティー宇田川 1F
03-5428-4450

Tatsumi
東京都目黒区上目黒 2-42-12 スカイヒルズ中目黒 1F
03-5734-1675

達屋　阪急梅田店
大阪府大阪市北区芝田 1-6-13
06-6373-3388

鉄板焼き　プランチャ
福岡県福岡市中央区天神 4-3-25
092-720-5551

独創 dining MACCA
東京都三鷹市下連雀 3-27-2
0422-46-7229

ととしぐれ　下北沢店
東京都世田谷区代沢 5-30-12
03-3419-6125

鶏菜　三宮店
兵庫県神戸市中央区 1-9-8 クィーンズコーストビル 3F
078-381-9465

中仙酒場　串屋さぶろく
東京都板橋区蓮沼町 8-1
03-3969-9436

肉食系ビストロ&ワイン酒場 Tsui-teru！
東京都中野区中野 5-36-5 ヴィラ AK 2F
03-5345-7215

「飲み屋祥寺」の店の下　DEN's café
東京都武蔵野市吉祥寺本町 2-13-5 三松第 3 ビル B1
0422-28-7550

parlor184
大阪府大阪市福島区福島 1-6-24
06-6458-3233

博多フードパーク　納豆家粘ランド
福岡県福岡市中央区白金 1-21-13 クレッセント薬院 2F
092-524-2710

馬肉料理と蒸し野菜　型無夢荘
神奈川県川崎市川崎区砂子 2-7-6
044-246-0310

パワースポット居酒屋　魚串　炙緑
東京都豊島区池袋 3-59-9 FS ビル 1F
03-3984-6394

ヒラクヤ
東京都目黒区緑が丘 2-1712 2F
03-3725-3979

Fine Dining TASTE-6
愛知県名古屋市西区名駅 2-2-23-14
052-583-6656

福島金魚
大阪府大阪市福島区福島 5-10-17
06-4796-2133

French Japanese Cuisine 今彩 Konasi
東京都新宿区神楽坂 6-26-8
03-5261-2841

Vegetable Dining 畑舎
兵庫県神戸市中央区下山手通 2-13-22
078-334-0525

三ッ☆居酒屋　喰酔たけし
東京都練馬区石神井町 3-17-15 ケーワイビル 2F
03-3995-3904

もつ鍋 割烹 鶏しおそば 竹井幸彦 八丁堀茅場町店
東京都中央区新川 2-8-1 長山ビル 1F
03-5566-8410

モツビストロ　麦房家
東京都港区新橋 3-2-6
03-6268-8021

野菜食堂　はやしや
東京都杉並区阿佐谷北 1-3-8 城西阿佐ヶ谷ビル 1F
03-5356-9400

ヤサイ・ワイン　オレンチ
東京都千代田区外神田 6-16-3
03-6803-2814

Yamagata バール Daedoko
東京都千代田区丸の内 2-4-1 丸ビル 6F
03-3212-3313

やんちゃ権太郎　お初天神店
大阪府大阪市北区曾根崎 2-7-2
06-6364-6868

遊食酒家 る主水 福島店
大阪府大阪市 福島区福島 6-4-10 ウエストビル1F
06-6457-0088

四谷 YAMAZAKI
東京都新宿区四谷 4-13-7 清水ビル 1F
03-3358-8698

la tarna di universo Comon
東京都港区虎ノ門 1-11-7
03-5251-9696

楽喜 DINER
東京都目黒区青葉台 1-20-2
03-6416-4964

ROBATA　美酒食堂　炉とマタギ
東京都中央区八丁堀 4-13-7
03-3553-3005

Wine 食堂　久（Qyu）
東京都渋谷区幡ヶ谷 2-56-1
03-3375-7252

- 取材・文／岡本ひとみ
  株式会社 開発社
- 撮影／後藤弘行（社内）
  東谷幸一・川井裕一郎
- デザイン／ディクト.CR
  株式会社 開発社
- カバーデザイン／國廣正昭

NEW サラダ デザイン
― 人気店のスタイル、レシピ、ドレッシング ―

発行日	2016年9月1日 初版発行
編　者	旭屋出版編集部
発行者	早嶋　茂
制作者	永瀬正人
発行所	株式会社 旭屋出版
	〒107-0052
	東京都港区赤坂1-7-19 キャピタル赤坂ビル8階
	TEL:03-3560-9065
	FAX:03-3560-9071
	URL　http://www.asahiya-jp.com
	郵便振替　00150-1-19572
印刷・製本	株式会社シナノパブリッシングプレス

※許可なく転載・複写ならびにweb上での使用を禁じます。
※落丁、乱丁本はお取り替えいたします。
※定価はカバーにあります。
ISBN 978-4-7511-1224-3　C2077
©Asahiya shuppan 2016, Printed in Japan.